JN050398

はじめての人でもすぐに占える

Simple tarot
you don't have to memorize

覚えないタロット

彌彌告
MiMiKO

かんき出版

覚えないほうが、読み解ける！

　みなさん、こんにちは！　占術家の彌彌告（MiMiKO）です。

　代官山で占いサロンを開設して11年。いろいろある占術の中で、主に、タロット占い、西洋占星術、オラクルカード、風水を用いて鑑定をしてきました。

　その中でも、わたしがいちばん活用している占術がタロットです。

　タロット占いは「タロット（tarot）」と呼ばれるカードを使います。全部で78枚あるカードは、22枚の「大アルカナ」と56枚の「小アルカナ」と呼ばれるカードに分かれています。

　そこから偶然に出てきたカードの意味を読み解くことで、

「あの人に告白してうまくいくかな？」とか
「この転職、進めてもいいのかな」など、

　さまざまな質問への答えを導き出せるんです。

　この本を執筆するにあたって自分の軌跡を振り返ってみたのですが、実に1万件以上の鑑定でタロットを用いてきたことに気がつきました。そうなんです。**タロットって、あらゆる局面に対応できる、とても汎用性の高い占いなんです。**しかもその的中率の高さには、占いをしているわたしのほうがいつも驚かされる

くらい！　ゾクゾクするほどエキサイティングな占いなんです。

　そんなすばらしいタロット占いですが、世間では、
「タロットはカードがたくさんあって、覚えられない」
「暗記が苦手なので、自分には無理」
「何度か勉強してみたけど、挫折した」

　という声も結構あるんですよね……。
　どうやらタロット占いは、勉強して丸暗記しないと手を出して
はいけないツールというイメージが定着しているようで、ずっと
残念に思っていたのです。でも、ちょっと待ってください！
　むしろ丸暗記で行うタロットのほうが、すぐに限界がきてしま
うとわたしは考えています。変容する社会の中、さまざまなパ
ターンの恋愛、働き方の多様化、複雑な人間関係などに応じて、
占いも柔軟性とインスピレーションが重要になってきます。それ
ぞれのカードが示すキーワードを覚えるだけで占うほうが至難の
業。

　そこで、あえて「覚えないタロット」です。

　暗記して覚えた事柄に縛られず、タロットカードが与えてくれる
「イメージ」を使うことで、あなたが必要とする答えを導き出す
──それが、「彌彌告式」です。

　本書では、カードが持つ特性や個性を簡単にイメージできる
ようになるために、

**タロットカード全体を１つの物語として楽しく読みつつ、
チャート式でパッとわかる**

　という工夫を施しています。「勉強しなきゃ」「覚えなきゃ」という思い込みを取り払い、興味がある人はもちろん、ない人も「タロットって、こんなに面白い世界だったんだ！」と思ってもらえる、そんなきっかけになればいいな、と願っています。
　それでは、いざ、楽しいタロット占いの世界にご案内いたします！

2023年4月　　彌彌告

CHAPTER **3** ／ 小アルカナは
「掛け合わせ」で読み解こう

CHAPTER 4 / 自分で占ってみよう！

CHAPTER

1

タロット占いの
きほん

そもそもタロット占いって？

「タロット占い」と聞いて、ほとんどの人が思い浮かべるのは、「いろんな絵のカードをシャカシャカ混ぜて、開いたカードの絵の意味を読み取って、この先の未来を占う」というものだと思います。はい、だいたいそのとおりです。

この「タロット（Tarot）」と呼ばれるカードが、種類が多かったり、絵にさまざまな意味があったりするため、「タロット占いは覚えることが多くて難しい」と思ってしまう人が多いのではないでしょうか。

実はタロットカード自体は、比較的シンプルにできているんです。また、他の占いに比べても、西洋占星術のように生年月日などの情報や、手相のように鑑定技術などを必要としないので、カードさえあれば、誰でも、いつでも占うことができます！

代表的な手順としては、

カードをシャッフルし、3つのかたまりに分けて、並べて、カードを選ぶ。

これだけです。特別な技術も才能も霊能力も必要としません。

特に、彌彌告式では、この手順にもこだわりません。タロットには、「ワンオラクル」や「ケルト十字スプレッド」などさまざまなやり方がありますが、様式にこだわらず、自分にしっくりくるやり方で占うことが重要だからです。

さて、カードを選んだら、そのカードの答えを読む（リーディング）だけです。このリーディングを初心者でも簡単にできるように工夫しているのが本書です。実際の占い方と、リーディング方法は、Chapter3で解説します。

タロットカードってどんなもの？

カードは全部で78枚あります

　いざタロットカードを買おうとすると、いろいろな絵柄のものがあり、どれを選んでよいのか迷うこともあるでしょう。本書では、最もスタンダードな「ライダー版」と言われるカードを用いて占っていきます。

　カードは全部で78枚。「大アルカナ」と「小アルカナ」の２つに分類されています。アルカナとは、ラテン語で「隠されたもの＝神秘」を意味します。

ライダー版のカード

——**大アルカナ**は神様からの大きな啓示
——**小アルカナ**は日々の細かいできごとなどを伝えてくれるもの

　と考えてください。

タロットといえば、大アルカナ

　恋人、死神など、一般的にみんながタロットカードをイメージするときに思い浮かべる絵柄は、この大アルカナ。**全部で22枚あります。**大アルカナだけで占う人もいるほどポピュラーです。**みなさんもまずは大アルカナだけで占ってみることをおすすめします！**

11

より深く味わいたいときには、小アルカナ

トランプと似た4つの属性があり、それぞれの属性に1〜10の数札と、コート（宮廷）カードと呼ばれる4枚の札があります。**全部で56枚あります。**

正位置と逆位置で意味が変わります

カードを引いたときに、タロット占いには、占う人間にとって正しい絵柄に見える正位置と、反対に見える逆位置という定義があり、一般的に逆位置はそのカードが持つ意味の反対を指し示します。向きによってまるっきり意味が違ってくることも、タロットカードの特徴です（カードの種類によってはその定義が存在しない場合もあります）。

正位置　　　逆位置

タロットでは、どんなことが占えるの？

　タロットでは、日常の些細な迷いや悩みから、恋愛、勉学や仕事のことまで、幅広く占うことができます。 それどころか、政治の世界はもちろん、データ重視の金融業界でも、タロットはとても人気なんです。

　恋愛においては、恋する相手の気持ちや、好きな人に連絡するタイミングなどを聞くこともできますし、恋人との関係がうまくいかなくなってしまった理由や、相手が浮気しているかどうかなど、多岐にわたって答えを求めることができます。

　ビジネスでは、勝負に出るタイミングや開業の時機、取引先との相性から後輩の教育方法まで、「こんな細かいことまで鑑定できるの？」と感心するくらい、日常的なことから大きな局面まで占うことができます。**占い方や質問の仕方しだいで、占う内容は自由自在です。**

　ただし、タロットでは「命に関する質問」と「同じ質問を何度も繰り返して聞くこと」はタブーとなっています。同じ質問は1日に1回までにしましょう。

どうしてタロット占いは当たるの？

　タロット占いは本当によく当たります。

「はじめに」でも書きましたが、わたし自身、本当に驚いてしまうほどの的中率なんです。

　では、タロットカードが導き出してくれる答え（結果）は、いったいどこからきているのでしょうか？

　ちょっとだけ難しい話をさせていただきますが、わたしは「無意識の行為からつながる潜在意識へのアクセス」が大きく関係していると考えています。

　みなさんはプロスポーツ選手などがよく言う「ゾーンに入る」という言葉を聞いたことはありませんか？

　ゾーンとは、感覚が研ぎ澄まされ、集中力が極限まで高まり、他者の動作がスローモーションに見えたり、突破口の軌道が容易に見えたりする状態で、その状態に没入することを「ゾーンに入る」と言います。

　そのゾーンに入りやすくするために必要な要素として、「ルーティンを作る」ことが大切だと言われています。

　プロスポーツ選手は何かしらジンクスがあったり、競技に向かう前の癖があったりします。彼らがいつも無意識にやっている行為が、いつの間にかゾーンに入り込む手助けをしていると考えられているのです。

タロットもルーティンが大事

タロット占いにも、この「**ルーティン**」があります。

シャッフルする、3つのかたまりに分ける、展開する、カードを選ぶ。

これらの動作は、タロット占いをするうえで、必ず行います。

この辺でカードを混ぜるのをやめよう。この辺で分けてみよう。この辺のカードを選んでみよう。

意識してやってはいないと思いますが、「この辺」っていったい何でしょうか?

実はこの「無意識の行為」は、ルーティンによってゾーンに入った状態と同じです。意識せずに超集中状態になることで、自分の中に隠れている潜在意識へアクセスし、潜在意識からつながるその先の宇宙から、「この辺に答えがあるよ」という伝達をされていると考えられるのです。

彌彌告式で、様式にこだわらないのはこれが理由です。自分にしっくりくるやり方を見つけ、それを繰り返すことで、タロットの動作がルーティンになり、意識せずに超集中状態へと入れるようになるとわたしは考えています。様式にこだわる必要はありません。**あなたの型でいいのです。**

「それだと、ただ何となくカードを選んでいるだけになってしまうのでは?」と思うかもしれませんが、あなたが身につけたルーティンは、実は壮大な宇宙のどこかから答えを見つける行為につながっているのです。

出てきたカードはあなたにとってのメッセンジャー。

質問への答えを雄弁に語ってくれます。

タロットカードは
インスピレーションが9割

　それでは、実際にカードのメッセージがどんなふうにやってくるのか、過去の鑑定から実例を出しましょう。

　あるとき、引っ越しを考えているクライアントさんから、「今検討している物件はいい物件かどうか?」という質問が舞い込みました。

　占いの結果は、「魔術師」というカードの正位置。このカードは新しいスタートや新しいチャレンジに最適なカードなので、すでにその物件へのGOサインは出ていましたが、カードをめくった瞬間、魔術師の左手がやけにクローズアップされて目に入ってきました。そういったときはカードからのサインです。

　その左手は下に向かって指を差しているので、目を瞑り、この指の先に何があるのだろうと想像してみました。

　すると頭の中に何やら書類が浮かんできました。

　書類が見えたことで、ここからは連想ゲームです。不動産の相談に、書類ときたら契約書や約款だと思い、「この物件を借りることはいいことではあるが、もう一度契約書などを見直したほうがいいようだ」とお伝えしました。

　その方はペットを2匹飼っており、ペット可の物件だったので安心しきっておられたのですが、契約書の条件を見直したら、ペット1匹までとなっていたそうです。

　入居前に交渉できてトラブルを回避できたと、ご報告をいただきました。

　こういったリーディングの話をすると、「それは彌彌告さんだから浮かぶのでは？」と言われることがあります。たしかに、インスピレーションというのは個人差があるもの。

　ただ、**何かを感じることを「意識をすること」で、必ず強化できる**ものとわたしは確信しています。

　気になる部分が見えるまでカードとにらめっこしたり、目を瞑ってカードをイメージしてみたり、少しオカルティックかもしれませんが、カードに聞いてみたり、確認してみたり。

　これを習慣として何度も繰り返すことで、何かしらの**「引っかかる」映像や言葉、音、声、イメージ**などが出てくるようになります。

　カードの意味がいくつか書いてある本などを見ていても、なぜかこの言葉だけがどうしても気になってしまう……など、必ずきっかけが出てくると思います。それを注意深く掘り下げることが、タロットインスピレーションを磨くことへの第一歩です。

タロットカードの
暗記で挫折した人でも大丈夫

　タロットカードがあなたにとってのメッセンジャーだということは、先ほどお話ししましたが、タロットカードが持つ意味は１つだけではありません。

　みなさんの中には、カードの持つ意味の暗記に労力を費やし、なかなか覚えられずに苦戦した方も多いのではないでしょうか。

　たとえ全部覚えられたとしても、逆にそのキーワードに縛られて自由な発想のリーディングができなくなった方もたくさんいます。
　インスピレーションを駆使したカードリーディングでいちばん大切なのは、**カードをめくった瞬間にイメージしたことを否定しない**、ということ。連想ゲームに似た感覚、と言えばわかりやすいでしょうか。

　そのためには、カードの性格、絵柄、出た順番、属性、背景色、目についたモチーフなど、そのときに目に入ってきたものを見逃さないことが大事です。

　Chapter2では、カードから受け取るメッセージをよりイメージしやすい物語で読み解くためのヒントを紹介します。

CHAPTER

2

22枚の
スターたちの
物語

22枚の大アルカナの意味は「物語」でわかる！

　最初にお伝えしたとおり、この本のポイントは「覚えなくていい」というところです。

　一生懸命勉強して、カードの絵や位置の意味を覚えても、逆にその覚えたことに縛られて、占いの精度が制限されてしまうからです。そんな残念なことになってしまうよりも、みなさん自身のインスピレーションや想像力、連想力を大事にしてもらいたいとわたしは考えています。

　ただ、そうは言っても、何もないところからインスピレーションや連想は生まれませんよね。

　そこで大切なのが、22枚の「大アルカナ」を知ることです。カードを覚える必要はありません。

　大アルカナについて、「このカードが意味するところは何だろう？」ということを理解できれば、タロット占いはできます。

　でも、カードにはいろんな意味があるっていうし、理解するのも大変そう……。

　そう思う方もいらっしゃると思いますが、安心してください！　この本では、**22枚の大アルカナを1つの物語にしました。**主人公と一緒に冒険しながら、大アルカナの世界を体感してみましょう！

FOOL（愚者）くんの冒険ストーリーを 知ると、タロットがわかる

タロットカードの大アルカナは人生をたどる壮大な物語です。

その物語の主人公は、頭に0を持つ「THE FOOL（愚者）」くん。身一つでこの世の真理を確かめに行こうと思い立った世間知らずの若者です。何も知らないことは決して「愚か」ではありませんが、無知であることすらもわからないままでは、愚か者への道を突き進むことになります。

純真無垢な彼は、あなた自身の写し鏡でもあります。 生きていく中でさまざまな人と巡り合い、物事を経験し、大きく成長していくはずです。

この冒険が終わるころには、あなたは大アルカナの各カードと仲良くなっていることでしょう。

The Fool　⓪　愚者

ぼくは何者かになれるかな。
さあ、冒険の旅に出発だ！

使命を持って生まれてきた？
可能性の塊、この物語の主人公

物語　身一つでこの世の真理を確かめに行こうと思い立った、まっさらで何も知らない世間知らずの若者がいました。純真無垢で、前しか向いていないこのFOOLくん。既成概念にもルールにもとらわれず、あらゆる可能性を秘めた彼は、これからさまざまな人たちと出会い、いろいろな体験をします。この先どうなるかわからないけれど、待ち受ける困難や危険の警告も無視して、いざ壮大な旅へ出発！

カードが教えてくれること

赤い羽根は不死鳥フェニックスの羽根で、生まれ変わりの象徴。ひょっとしてFOOLくんはどこかから生まれ変わってきた……？

黄色い背景は、太陽のパワー。陰陽がはっきりしている、または憂いのない状態を示します。

青い山は、人生の目的（ブループリント）、また神の領域を表します。FOOLくんは、何か使命をもって天界から生まれてきたみたい。

小さい荷物は、過去の知識の蓄えを表します。

白いばらは純真無垢なしるし。

彌彌告's point

崖の上にいる彼。足もとでは白い犬が「危ない！」と止めているのか、それとも追い立てているのかわかりませんが、彼自身は上しか見ていなくて、一歩先には転落が待ち受けているのにも気づかない様子。まさに、愚か者。でもこのカード、そのものズバリの言葉どおりではなくもっと奥深いのです！

危険かどうかは進んでみなければわからない、でも取りあえず前に進み始める。そんなエネルギーが生まれた瞬間を表します。

正位置のキーワード

無意識 ／ 自由 ／ 直感 ／ 大胆 ／
無限の可能性 ／ 出発 ／ 素直 ／
若さ ／ 旅人 ／ ボーダーレス

逆位置のキーワード

非常識 ／ 無責任 ／ 放浪癖 ／ 無知
／ 気まま ／ 浮気症 ／ 無計画
無謀な挑戦 ／ 基礎力不足

若きイケメンクリエイター！
創造をつかさどる宇宙の錬金術師

物語　FOOLくんがまず最初に出会ったのは、創造をつかさどる若き魔術師。「無」から「有」を創り出すクリエイターと出会ったことで、FOOLくんはクリエイティビティを学びます。また、人生の旅が着実に始まったことを意味します。

カードが教えてくれること

天を指す1本のバトンは、男性性の象徴。22枚目の「世界」のカードにあるバトンのうちの1本を、FOOLくんが生まれ変わった際に持ってきて、魔術師に渡しているとも。

頭上の無限大のマークと、腰の尾を飲み込む蛇（ウロボロス）は、どちらも永遠を表します。

机の上の道具は、すべての元素を扱えるしるしです。

赤い上着（最高権力者の色）とその下の白い服は、彼がこれから何者かになり得ることを表しています。

白いゆりの花は純潔、赤いばらは情熱を表します。

黄色い背景は、太陽のパワー。憂いのない状態を示します。

THE MAGICIAN.

彌彌告's point

堂々と右腕にバトンを掲げ、左手は下を指し示す。頭の上には無限大マーク「∞」（インフィニティまたはメビウスリング）を戴せています。

机の上には棒・金貨・剣・聖杯＝火・地・風・水の四大元素を表すすべての道具
（ワンド　ペンタクル　ソード　カップ）
がそろっており、錬金術の象徴です。

このカードが出たときは、創造性、物事の具体的な始まり、向上心、愛の芽生えなど、愚者に比べて着実にスタートしている状態を表します。

正位置のキーワード

クリエイティブ ／ 具体的なスタート
／ 創造 ／ 超意識 ／ 独自性
／ 才能 ／ 器用 ／ 恋のはじまり

逆位置のキーワード

センスがない ／ 想像力不足 ／
遊び人 ／ ずる賢い ／ 技術不足 ／
スランプ ／ アイデアの欠如

神秘的で
近寄りがたい
女の人だけど、
いろんなことを
知っていそうだな

神秘のゲートキーパー！
神の領域とつながる月の女神

物語　FOOLくんが次に出会ったのは、なんだか冷たい感じの女性。しかもとても頭が良さそうで、近づきがたい雰囲気があります。それもそのはず、彼女は神の領域とつながる女教皇。FOOLくんは彼女と出会ったことで、この世に畏れ多い存在がいることを知り、その存在から、知性や神秘性というものを学びます。

カードが教えてくれること

灰色と黒の柱は「陰と陽」「光と影」「男と女」など、相反するもののバランスを示しています。

青い衣服は、高次元とつながっていることを示しています。

背景の青は、隠れた知識を象徴しています。

ゲートの向こうのザクロは女性性を表します。

知恵の王であるソロモン王の神殿にあったJACHIN（ヤキン）とBOAZ（ボアス）の柱の前に立っています。

懐の書物は、神の経典。誰にでも開示するものではありません。

三日月は、月の世界をつかさどっていることを表します。

THE HIGH PRIESTESS

彌彌告's point

どこか冷徹な目を向けている女教皇は、陰陽の特性を表す柱の前に鎮座し、その懐に神秘の英知を記した書物を抱えています。この書物は限られた者にしか開示しないのです。

日輪とも満月とも見える冠と足もとには大きな三日月。神秘性を表す要素が満載です！　このカードが出たときは、インスピレーション、霊感、理知的、冷徹、常識、プラトニックラブ。そんな状態を表します。

正位置のキーワード

知性 / 真理 / 聡明 / 良識 / 清純 / 観察 / 理論 / スピリチュアル / 霊感 / プラトニックラブ

逆位置のキーワード

偏見 / ヒステリック / 屁理屈 / ＫＹ / 高飛車 / 色気がない / コンサバティブ / 潔癖 / 独り身

さっきの人とはだいぶ
違うタイプの女の人だな。
とても優しそうだ

あらゆる女性の幸せの象徴！
愛と豊穣の女神

物語　FOOLくんが次に出会ったのは、また女性でした。でも、女
教皇とはうってかわって、おおらかで優しそうです。彼が出
会ったのは、愛と豊かさを体現する女帝。FOOLくんは、女帝から、す
べてを愛する「慈悲の愛」を学ぶのです。

カードが教えてくれること

黄色い背景は、太陽の
パワー。憂いのない状
態を示します。

12個の星の冠は、聖母
マリアを表します。

森から流れる川や生い
茂る緑は、地上の生き
物すべてを育む豊かさ
の象徴です。

ザクロ柄のドレスは、女
性性を身にまとっている
ことを象徴しています。

少しふっくらとしたお腹
は妊娠を表すという説
も。

盾の女性マークは、守
る力、愛の力を象徴し
ています。

たわたに実る麦は豊か
さと繁栄を表します。

彌彌告's point

豊穣の作物に豊かな自然。女帝がゆったりと優雅に座っている足もとの盾には
女性（金星）を表すフェミニンマークが。女帝はこのあと出てくる皇帝の妃という
立場。結婚している女性を表すことから慈愛や女性性を表すカードです。妊婦に
も見えます。聖母マリアを象徴するのにしばし12の星が頭上に描かれますが、こ
の女帝も冠に12の星をあしらっています。このカードが出たときは、幸福、満ち足
りた状態、家庭、安らぎ、結婚に結びつく恋というような状態を表します。

正位置のキーワード

女性的幸運 ／ 愛 ／ 慈愛 ／ 収穫
／ 母性 ／ 成熟した女性 ／ 豊穣
／ 妊娠 ／ 家庭 ／ 豊かな心

逆位置のキーワード

いじわる ／ 過保護 ／ 虚栄心 ／
物欲 ／ 家庭不和 ／ 毒親 ／ 離婚
／ 嫉妬 ／ ルーズ ／ 嘘

さっきの優しそうな女の人の旦那さんなんだって。怖そうだけど、ものすごいカリスマ性！

あふれるカリスマ性とリーダーシップ！ 雄々しき皇帝

物語 優しい女帝の次にFOOLくんが向かったのは、女帝の夫でもある皇帝のところでした。皇帝はとても厳めしく、威厳があります。カリスマ性あふれるこの皇帝から、FOOLくんはカッコよさや成功だけでなく、そこに至る厳しさを学びました。

カードが教えてくれること

石の玉座は、永遠に朽ちることのない地位を表します。

右手の杓のアンク十字（生命の鍵）は、彼がすべての命を掌握していることを表します。

赤い衣服は、法律・政治・宗教、それぞれの分野の最高位であることを表すため、皇帝は政治分野の最高権力者であることを意味します。

黄色い背景に赤い線。オレンジ色に見える背景ですが、実は黄色に赤の細い線だって気づきました？ これは、明るい未来というだけでなく、ちょっとした血生臭さも感じさせます。

左手の玉は、彼がすべての物質的なものを掌握していることを表します。

後ろの岩山は、乗り越えなければならない試練や困難を表します。

玉座の羊は12星座のトップ。強いリーダーシップの象徴です。

彌彌告's point

朽ちることのない石座に鎮座し、威厳を持って見下ろす皇帝は男性性の象徴。右手には古代エジプトの「生命の鍵」であるアンクの形の杓を持ち、左手には物質を象徴する玉を持ってすべてを掌握しているようです。

カードの背景は緑一つ生えていない険しい山脈。周りに人影はなく、この寂しい絵柄からは王者の孤独がにじみ出ているよう。このカードが出たときは、行動力、能力に秀でる、金銭を掌握、攻撃、真剣な恋愛。そんな状態を表します。

正位置のキーワード

ビジネスの成功 / 実行 / 建設 / ビジョン / 父性 / 行動力 / カリスマ / 権力の最高峰 / 社長

逆位置のキーワード

支配 / ワンマン / 自分勝手 / 独占欲 / 強引 / 自信喪失 / 傲慢 / 頑固 / 過信 / 降格 / 権力欲

すべてを包み込む慈悲のまなざし
導きの教皇

物語 次にFOOLくんが出会ったのは、神様に仕えるいちばん偉い人——教皇。「教皇」自身が法であり、書物の助けを借りる必要のないほどの存在です。どんな人に対しても慈悲深く教えを授ける教皇の姿に、FOOLくんは慈悲の心を学びます。

カードが教えてくれること

背後の2本の柱は、彼が聖域を守るにふさわしい人物であることを表しています。

赤い衣服は法律・政治・宗教それぞれの最高位であることを表すため、教皇は宗教分野の最高権力者であることを意味します。

三重十字架の杓と、三重冠。「3」は神職者の最高位のみが身につけられる数なんです。

グレーの背景は、感情よりも経典を守る意思の固さを表しています。

二人の弟子は、「開かれた教え」を意味し、それぞれが着ている「ゆりの柄の服」と「ばらの柄の服」は無垢なるものと情熱のもの両方を従えていることを表します。

彌彌告's point

慈悲と威厳に満ちたまなざしで二人の聖職者に教義する教皇。右手は神の祝福を表し、左手は「霊」を象徴する三重十字架。頭にも三重冠をかぶっています。「教皇」の力が（キリスト教三位一体などの）人間の精神・肉体・魂に及んでいることを表し、足もとにある2つの鍵は教皇が天国への扉を開くことができることを意味します。神の存在と精神性を象徴するこのカードが出たときは、信仰、魅力的な人柄、指導力、周りの人を助ける、慎重な恋を表します。

正位置のキーワード

慈悲 / 全体への援助 / 親切 / 保守 / 維持 / 伝統的 / 友愛 / 正当性 / 宗教の最高峰 / 教育

逆位置のキーワード

お節介 / 真面目すぎ / 贅沢三昧 / 八方美人 / 孤立無援 / 鈍感 / 怠慢 / 同情心 / 助けがない

恋は迷いの連続？
決めきれないのはいつの時代も同じ

物語 ここまで、さまざまなすごい人たちに出会ってきたFOOLくん。いよいよここで、「恋」について学びます。幸せそうに見える男女ですが、あれ……？ 女性のほうはどこを見ているの？ 恋ってなんだか複雑そう……。

カードが教えてくれること

天使の背景には2人に降り注ぐ太陽が。

天使は、大天使ラファエルを表しているとも。エデンの園ではアダムとイブを守護したり導く役割も。

りんごの木にはヘビが。エデンの園がイメージできます。

裸の男女は、アダムとイブを表しているとも言われています。イブのほうはアダムではなく、神様を見ています。

天と地の間のブルーバックは恋愛の行方は神のみぞ知ることを表しているかのよう。

VI

THE LOVERS.

彌彌告's point

りんごの樹にヘビが巻き付き、アダムとイブを思わせる男女が天使に祝福されています。ヘビがいるのは女性側というのも興味深いですね。両思いかと思いきや、女性はこの人でいいか、決めかねている様子。このカードはパートナーの象徴でありながら、「優柔不断」も同時に表します。カードの意味は明白なのに、どこか意味深です。このカードが出たときは、恋のチャンス、選択すべき時、二面性、優柔不断、友情からの恋。そんな状態を表します。

正位置のキーワード
恋愛 ／ 取捨選択 ／ SNS ／ 行動決定 ／ パートナーシップ ／ 直感によるチョイス ／ 共鳴 ／ SEX

逆位置のキーワード
二面性 ／ 浮気 ／ 別離 ／ 二股 ／ 飽きっぽい ／ コミュ障 ／ 離婚 ／ 選択できない

こんなにすごい人なのに、まだまだチャレンジし続けるって、偉いな〜

現状に満足することなく突き進む！
若きプリンスの行動力

物語 　恋について教えてくれた恋人たちに別れを告げ、再び旅を始めたFOOLくん。今度は戦車に乗って突き進む、若きプリンスに出会います。地位も名誉もあるプリンスなのに、現状に満足することなく、精力的に領土を広げようと立ち向かう彼の姿から、FOOLくんはチャレンジ精神や、成長のためには闘わなければならないということを学びます。

カードが教えてくれること

兜の星は、勝利を表しています。

手に持った1本のバトンは、男性性を表します。

ベルトには星座や星のマークが。天体をも身につけるパワーが彼にはあります。

黄色い背景は、太陽のパワー。憂いのない状態を示します。

古代エジプトの有翼円盤を戦車につけて、彼は神の恩恵を受けています。

白のスフィンクスは理性、黒のスフィンクスは本能を表します。

彌彌告's point

陰陽を表すスフィンクスを引き連れて戦場に向かう若きプリンス。彼はスフィンクスをも打ち負かして従えさせた、知恵と勇気の持ち主です。若さにあふれた彼の行動範囲は広く、移動距離が多いほど成功へとつながるのです。

勝利を表す兜の星、行動力を表すバトンを右手に握り、前方しか見ていないプリンスからは自信と勝利の確信が見て取れます。このカードは、克服、別の世界に進出、発展、移動、スピーディな恋愛。そんな状態を表します。

正位置のキーワード

勝利 ／ 征服 ／ 行動 ／ 努力 ／
克服 ／ 自立心 ／ 海外 ／ 若さ ／
開拓精神 ／ 移動 ／ スピード

逆位置のキーワード

自信過剰 ／ 勝負に負ける ／ 力不足
／ 最悪なタイミング ／ 未熟 ／
オレ様 ／ 失敗 ／ 無気力

パワーだけじゃない！
愛と勇気が奇跡を起こす原動力

物語 　次にFOOLくんが出会ったのは、野生のライオンと、そのライオンを手なずけている女性。無理やり力で押さえつけているわけではないのに、ライオンはおとなしく従っています。彼女はどうやってそんな奇跡のような力を手に入れたんだろう？　FOOLくんは、「力」や「強さ」は、勇気と集中力、そして精神力から生まれることを学びました。

カードが教えてくれること

女性の頭上の無限大のマークは、人間には彼女のような強い精神力や勇気が無限大にあることを示しています。

黄色い背景は、太陽のパワー。憂いのない状態を表します。

真っ白い服は無垢な力をまとう象徴です。

後ろの青い山は、人生の目的（ブルーブリント）、また神の領域を表します。

ライオンは、わたしたちの中にある衝動や欲望を表していると言われています。彼女は見事に飼い慣らしています。

彌彌告's point

ライオンを手なずける女性の頭の上には無限大を表すマークがあります。ライオンはダイヤモンドを咥えていて、この女性はこのダイヤを口元から取るチャンスをうかがっているという説も。その行いに必要なのは、勇気と集中力。奇跡はその精神力によって起こすことができることを示しています。そのため、別名「奇跡のカード」とも呼ばれています。感情と理性のバランスが取れている、情熱的、積極的、自立、本能的に合う恋愛。そんな状態を表します。

正位置のキーワード
奇跡 ／ 勇気 ／ 決意 ／ 意志 ／ 信念 ／ 本能・理性・感情の統合 ／ 絶好のタイミング ／ シンクロ

逆位置のキーワード
不運 ／ 過信 ／ 見栄っ張り ／ 怠惰 ／ 権力乱用 ／ 中傷 ／ 逆境 ／ 苦難 ／ 勇気がない ／ 乱暴な恋

なんだか偏屈そうなおじいさん
……でも何でも知ってて、
ちょっと普通の人じゃなさそう

次世代を担う者に、
あらゆる知恵を授けるマスター

物語　いろんな出会いを経て、FOOLくんはたくさんのことを吸収してきましたが、ここでさらに、『スターウォーズ』のヨーダのような存在に出会います。独り荒野にたたずむ頑固そうなおじいちゃんですが、ものすごくいろんなことを知っていて、FOOLくんに面白いことをたくさん教えてくれました。その中でも特に大切な「真理」というものをFOOLくんは知ることになります。

カードが教えてくれること

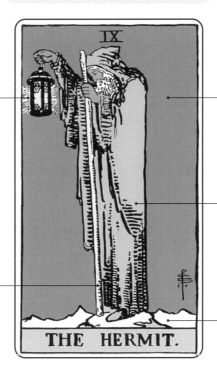

ランタンの六芒星は、真理へと導く光。その星をランタンに閉じ込められるほどの知恵者であることを表しています。

灰色にうっすら青がのっている背景は、彼が孤独でありながらも、高い精神性を持つ高次元の人物であることを象徴しています。

フードをかぶった彼は何かから身を隠しているかのよう。

1本の杖は男性性を象徴しています。

白い荒野は雪または雲という説も。

THE HERMIT.

彌彌告's point

六芒星_{ろくぼうせい}の入ったランタンを持つ、孤独な老人が描かれています。何もない白い荒野にたたずむその姿は、まさに孤高の人。すべての物事に精通し、経験を積んだからこそ自ら孤独でいることを望んでいるのです。しかし、見込んだ人間にはすべてを与えようと行動する性質も持っており、次の世代にその知恵をつなげようとするのです。このカードが出たときは、自分自身をじっくり見つめる、フィクサー、密かに進める計画、有能、秘密のある恋愛を表します。

正位置のキーワード

真理 / 思慮 / 探究 / 内的回帰 / 熟慮 / 老人 / マスター / フィクサー / 大人の恋 / ロジック

逆位置のキーワード

偏屈 / 引きこもり / 権力の偏り / 批判的 / 不倫 / 頑固オヤジ / 過敏 / 苦労 / 神経過敏 / 秘密

> あれ。今度は人じゃなくて、車輪……? 運命の輪っていうのか。みんなあの輪に振りまわされてるみたい

永遠にまわり続ける車輪のように、運命に身を任せる人間たち

物語　これまでいろんな人に出会ってきたFOOLくん。ここからはちょっと変わったものと出会うことになります。なんだか変わった車輪が見えてきました。目に見えない力で、車輪はまわり続けています。それが「運命の輪」と呼ばれるものだと知ったFOOLくん。この回転に身を任せるしかない人間たちを見て、「人って運命に翻弄されるものなんだ」ということを学びます。

カードが教えてくれること

四隅の動物は、宇宙を構成する四大元素（火地風水）や不動の方角などを表しています。

輪が表すのは、永遠に続く運命の回転。その輪に群がっているスフィンクスやアヌビス、デュポンたちはすべて「魔」のもの。中の文字は「タロット」そのものと「錬金術」を表しています。

背景のブルーは、運命は人の理の外にあり、神が司る領域であることを示しています。

WHEEL of FORTUNE.

彌彌告's point

車輪は永遠にまわり続けます。今は頂上に君臨し、剣をかざしているスフィンクスもいつかは下に行きます。運命はこの繰り返し。四隅には「有翼のライオン／火」「有翼の牡牛／地」「天使／風」「鷲／水」がいて、みんなのんびりと本を読んでいます。四隅の生物は4つのエレメントや方位など不変を表し、まわるは人の運命ばかりと言われているかのよう。このカードは、急激な変化、運が向いてくる、転換期、運命的な出会い。そんな状態を表します。

正位置のキーワード	逆位置のキーワード
新しい局面 ／ 運命の好転 ／ イメージチェンジ ／ 節目 ／ 転換期 ／ 運命の相手 ／ 連絡がくる	チャンスを逃す ／ 急激に悪くなる変化 ／ 変革の失敗 ／ 逆転敗訴 ／ 不運 ／ 変化がない

厳しい目をしているけど、正義を貫こうとしてるからなんだね

赤い服の法の番人が、
人間としての正しさを教えてくれる

物語　運命に翻弄される人たちを見たあと、FOOLくんは、こちらを見透かすように厳しく容赦ないまなざしを向けてくる男性とも女性とも取れるこの人物と出会います。正義を守る、法の番人です。情に流されず、客観的に公平な判断を下すこの人物から、FOOLくんは、人間界にもゆるぎない「正義」「正しさ」というものがあるのだということを学びます。

カードが教えてくれること

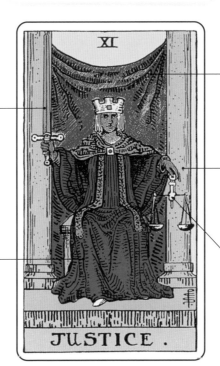

右手の剣は、大天使ミカエルの断罪の剣で、悪は容赦なく裁くことを表しています。

太陽を表す黄色が赤いベールで隠されています。法は楽しさや感情だけでは守れないことを示しています。

2つの柱は堅い法律を表しています。

赤い衣服は、法律・政治・宗教それぞれの分野の最高位であることを表すため、正義は法律分野の最高権力者であることを意味します。

左手の天秤はアルテミスの天秤を表していると言われ、公正な裁きを象徴しています。

彌彌告's point

右手に剣を掲げ、左手に天秤を持つ人物が描かれています。右手の剣は大天使ミカエルが手にする断罪の剣、左手の天秤はアルテミスの神話に由来する公正な裁きの天秤がモチーフと言われています。正義を貫く強いまなざしでこのカードの威厳を強く象徴しているのでしょう。タロットで「赤い衣服」はその地位における最高位を示す衣類です。このカードが出たときは、公明正大、法律、権利の行使、平和的、誠実な恋愛。そんな状態を表します。

正位置のキーワード

公平 / 清算 / 勝訴 /
決着の必要性 / オフィシャルな恋
愛 / 契約 / 法の最高権力者

逆位置のキーワード

不公平 / 不満がつのる / 不摂生
/ ずるいことをする / 失望 /
冷たい / 人情の無い判断 / 敗訴

自己犠牲をいとわない！
人々のために吊るされた男

物語　FOOLくんが人間界で最後に出会ったのは、男性が逆さに吊るされている衝撃の光景でした。FOOLくんは驚きましたが、男性は自分が犯した罪で吊るされているのではなく、誰かのために犠牲となっているようです。この苦難を耐え抜いた先には必ず光がある、と信じるその男性から、FOOLくんは「自己犠牲」の精神を学びました。

カードが教えてくれること

T字の樹は、十字架を表しています。

緑の葉は、生命の息吹を表しています。

4の字になった脚は、占星術において「木星」を表します。木星は拡張する天体で、現在の苦労も拡張しているが、その先の未来には幸運も拡張して待っていることを示しています。

青い衣服はこの男性が神域にも通じていることを暗示しています。

グレーの背景は、感情や行動ではどうにもならない現状を表します。

後光は、自己犠牲で吊るされている彼の栄光と栄誉を表しています。

THE HANGED MAN.

彌彌告's point

この男性はなぜ吊るされているの？　罪を犯して罰を受けたから？　いえいえ。この男性は誰かのために吊るされているとか、儀式の生贄になったなど、諸説あります。でもこの男性の頭には小さく後光が射し、顔に苦渋の表情は見られません。今は苦しくとも、必ず光は見えると教えてくれているような気がしませんか？このカードが出たときは、自己犠牲、今は動いてもうまくいかない、時機を待つ、身動きができない恋。そんな状態を表します。

正位置のキーワード

報われる苦労 ／ 魂の成長の試練
／ 自己犠牲の心を学ぶ ／
損して得とる ／ 成果はまだ先

逆位置のキーワード

弱まる理性 ／ まったく無駄に終わる
自己犠牲 ／ 徒労 ／ 利用される ／
尽くしすぎる

死とは永遠。
終焉と再生をつかさどる永遠のカード

物語 いろんな人たちに出会い、たくさんのことを学んだFOOLくん。ついに、誰も避けることのできない「死」を迎えます。ここで、人の世界での学びはいったん終わりますが、どうやら死の先には別の世界が待っているようです。一つの物事が終わりを迎え、誰かがまた生まれ、世界は再生をする。人の生も死も、時間の流れでしかないのかもしれません。FOOLくんの旅はまだ続きます。

カードが教えてくれること

死神がつけている赤い羽根は、不死鳥フェニックスの羽根で、生まれ変わりの象徴。あれ?これって、FOOLくんがつけていた羽根と同じ?

背景のグレーは、生でも死でもないグレーゾーンを表しています。

倒れているのは王様のようです。死は誰にでも訪れます。

旗に描かれた白いばらは、何もない「無」の状態を表します。これも、旅のはじめにFOOLくんが持っていた白いばらと同じ……?

柱の間で輝く太陽は、新たな未来が生まれることを表しています。

旗から右側は生の世界。生と死はこの馬が進んでいくのと同じように自然なことを表しています。

彌彌告's point

タロットカードの世界において左側は過去。右側は未来です。白馬は未来に向かって歩き、旗は風向きに逆らって未来に旗めいている。白い馬が進む先の人たちは皆生きていますが、通り過ぎたあとの人は死んでいます。そこには王様も。これは、どんな人の未来にも平等に、必ず死は訪れることを意味しています。人の世のことわりを表現するこのカードは、実は永遠をも意味するのです。終わりを迎える、活動停止、すっぱりと諦めたほうが得、別離や離婚を表します。

正位置のキーワード	逆位置のキーワード
死 / 終末 / 停止 / 永遠 / 世のことわり / 不思議な力 / 失恋 / リセット / 離婚 / 孤立	再生 / 生まれ変わり / 仕切り直し / 一度終わったことの復活 / 事態が動き出す

完璧な調和の取れた世界！
永遠のバランスをつかさどる節制の天使

物語 さて、人の世界での旅を終えたFOOLくん、なんと神の世界
へと足を踏み入れます。まず最初に出会ったのは、世界のバ
ランスをつかさどる節制の天使です。神の世界へと進むため、ここで
魂の調和とバランスを学んでから、先へと進みます。

カードが教えてくれること

額の飾りは、太陽を表します。

胸の三角形のマークは錬金術を象徴しています。

後ろの青い山は、人生の目的（ブループリント）、また神の領域を表します。

この道は神の領域へと続く道です。

背景のグレーは、生でも死でもないグレーゾーンを表しています。

水を移している2つの聖杯は、男性性と女性性、陰と陽といった、相反する要素を象徴します。

片方の足は地、もう一方は水に。天使は調和を取っています。

彌彌告's point

大きな羽を左右に広げ、手に持った2つの聖杯に水を行き来させています。片方の足は大地に、もう片方は水面に。すべての物事はバランスと調和から成り立つことを象徴しています。対になる2つの杯の中身は男性性と女性性、陰と陽、火と水、霊と肉、意識と無意識という相反する要素を象徴すると言われ、翼のある人物はそれらを結びつける「仲介者」、大天使ミカエルであると言われています。穏やか、倹約、けじめのある付き合い、純愛という状態を表します。

正位置のキーワード

完璧なバランス ／ 完全調和 ／ 順応 ／ コントロール ／ ウィンウィン ／ 平和な家庭 ／ 中庸 ／ 純愛

逆位置のキーワード

バランスが悪い ／ 仲間内や家庭の不和 ／ 極端な状態 ／ 価値観の相違

背徳の誘惑に抗うことはできない…
いつの世も悪魔は甘くささやく

物語　さて、神の世界への入り口で、魂の調和を取ったFOOLくん。まず最初に訪れるのは地獄編。悪魔に出会います。半分人間のような男女が、悪魔の足もとに鎖でつながれています。いつでも逃げられそうなゆるい鎖なのに、二人ともこの状況に満足しているかのように見えるのはなぜだろう……？　FOOLくんはここで、欲望と、その欲望に対する執着や呪縛を学びます。

カードが教えてくれること

逆さの五芒星は、邪悪なものを呼び覚ます悪魔の力を表しています。

上半身が人間で下半身が獣なのは理性では抑えきれない暴力的な本能を表します。

鎖はいつでも外せそうです。

黒の背景は闇と脅威の象徴です。

つながれた男女のうち男性の尻尾の火は暴力性や破滅を、女性の尻尾の逆さになったぶどうは、本来神聖なものが逆さになっていることを表しています。

THE DEVIL .

彌彌告's point

コウモリのような翼を広げた悪魔のもとには鎖につながれた裸体の男女。二人の頭には角が生えかけ、眷属とも人間の象徴とも取れます。この二人の首をつなぐ鎖はゆるめに垂れ下がり、簡単にふりほどけそうに見えます。しかし、いつの世も背徳の誘惑にはまってしまう者たちは、みずからその場を離れない、離れられないということなのでしょうか。このカードが出たときは、誘惑に弱い、野心、利己主義、腐れ縁、堕落した生活。そんな状態を表します。

正位置のキーワード	逆位置のキーワード
欲望 / 呪縛 / 束縛 / 誘惑 / 肉欲 / 暴力 / 拘束 / 堕落 / 悪環境 / 犯罪 / 打算的 / 野心	短期的ビジネスチャンス / 解放 / 腐れ縁の解消 / 出口 / 怠惰な状態から抜け出す / 回復

おごりたかぶった人間に神の鉄槌！
雷をくらい崩れゆくタワー

物語 のっけから悪魔に出会ってしまったFOOLくん。しかし、次に目にしたのは、さらに恐ろしい光景でした。神に近づくために高く積み上げた石の塔に神の怒りである雷が落ち、塔は崩壊、人々がなすすべもなく落下しています。FOOLくんはここで、おごりたかぶる人間の愚かさ、そしてそれに対する神の怒りの恐ろしさを学びます。

カードが教えてくれること

人間の権力を表す王冠も神の前では一瞬で崩壊します。

雷は「かみなり」→「神鳴り／神也」とも言い、神の怒りを表します。

3つの窓は、神の数字である「3」から火が出ているということで、神の怒りを表します。

落下する人々は、神の前では身分など関係なく罰せられるさまを意味しています。

塔はおごりたかぶる人間の様子を表しています。

黒の背景は闇と脅威の象徴です。

THE TOWER.

彌彌告's point

神に並ぶがごとく、人の手で高く積みあげられた塔。おごりたかぶった人間に神の鉄槌である雷が落とされています。突然のできごとになすすべもなく落ちてゆく人々。逃げ惑う時間すら与えてはもらえないのです。

このカードが出たときは、突然のトラブル、事故、半強制的な変化、隠された恋愛の露見。そんな状態を表します。

正位置のキーワード

破壊 ／ 崩壊 ／ 破局 ／ 災害 ／ リバウンド ／ 基盤の崩壊 ／ 事故 ／ 天変地異 ／ ゼロスタート

逆位置のキーワード

急死に一生 ／ 浮気がバレる ／ 一番大事な物が残る ／ 崩壊一歩手前で踏みとどまる

> 星がキラキラして、
> 地獄から天国に
> 来たみたい！

明けの明星と枯れない泉！
美の女神が織りなす美しいフィールド

物語　恐ろしい光景にブルブル震えていたFOOLくんでしたが、次に訪れた場所は星の光輝く平和なところでした。美しい裸の女性が、水瓶から延々と枯れることのない水を大地に注いでいます。その光景から、FOOLくんは、人は希望を持ち続けていれば美しくいられるのだということを学びます。

カードが教えてくれること

大きな星は、希望や理想の象徴です。目的地につながる道が見つかったことを示しています。

7つの星は行く道を示す北斗七星を表すという説も。

青い背景は、神や宇宙の領域を表しています。

枯れない水瓶は、生命を育む源を象徴しています。

裸の女性は、ヴィーナス。美を象徴しています。

彌彌告's point

水瓶を持った女神の上には、光り輝く大きな明けの明星。星が指し示すものは希望です。ひときわ輝く星の周りに、さらに7つの星。天地創造に費やした7日間、1週間を構成する7日間。7で完成する宇宙の周期、それは、人が操ることのできない生命エネルギーの周期を象徴しています。ただ、星ははるか遠くで輝くものであることから、このカードは時間の経過を必要とする場合が多いとも。新しい価値観、美、理想の相手と巡り合う。そんな状態を表します。

正位置のキーワード

希望 / 理想 / 可能性の開花 / 啓示 / 時間はかかるが成功する / 新しい発見 / ビューティー

逆位置のキーワード

現実の厳しさ / 人に恵まれない / 理想が高すぎる / マンネリ化する / 目標が間違っている

夜にうごめく生き物たち。
月の世界は不安と希望が混在する時間

物語　次にFOOLくんが訪れたのは、月明かりしかない、ぼんやりとした夜の世界。はっきりと見えない輪郭がぼやけた世界は、不安を感じさせます。変わらないものに安心を見出す人たちは、つねに満ち欠けする月にどことなく不安を覚えます。FOOLくんはこの世界で、「変化」とそれに伴う「不安」を知ります。

カードが教えてくれること

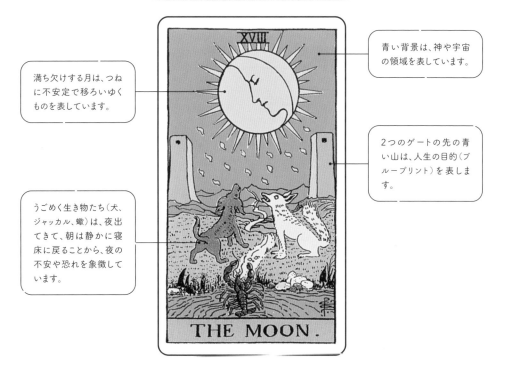

満ち欠けする月は、つねに不安定で移ろいゆくものを表しています。

青い背景は、神や宇宙の領域を表しています。

2つのゲートの先の青い山は、人生の目的（ブループリント）を表します。

うごめく生き物たち（犬、ジャッカル、蠍）は、夜出てきて、朝は静かに寝床に戻ることから、夜の不安や恐れを象徴しています。

彌彌告's point

月はたしかに存在するのに、地球から見ると満ちたり欠けたりして見えます。普遍のものが安心の象徴だとしたら、変化する月に不安を感じるのは自然なこと。夜にうごめく生き物たちが力を得るのは月の光から。古代において犬は病気を、ジャッカルは死を、蠍は不吉をもたらす象徴だった時期があります。でも、朝になればその生き物たちも寝床に帰って姿を消すのです。このカードは、不安や不満、水面下で進む悪い状況、人間関係の不和、偽りの愛を表します。

正位置のキーワード	逆位置のキーワード
不安 ／ 秘密 ／ 危険性 ／ 勘が働かない ／ 嘘 ／ 裏切り ／ 主体性の欠如 ／ 徐々に悪くなる	ゆっくりと好転する ／ 時間をかける恋愛 ／ 迷いが晴れる ／ 徐々に現れる真相 ／ 長期型投資

> まぶしい！ そして楽しい！
> 太陽の光を浴びるとなんで
> こんなにうれしいんだろう

輝く光線と情熱の旗！
エネルギーに満ちあふれた太陽の世界

物語 月明かりの夜を経て、FOOLくんは、まばゆい太陽のもとにたどり着きます。幸福のエネルギーに満ちた太陽のもと、すべてが喜びにあふれています！ 白馬に乗った子どもは無防備で純真無垢。あれ……？ あの赤いフェニックスの羽根は、FOOLくんが最初につけていたあの羽根かな？ ひょっとしてFOOLくんは、この子どもに生まれ変わったの……？

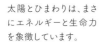

太陽とひまわりは、まさにエネルギーと生命力を象徴しています。

直線と曲線の光線は2つの力の融合やバランスを表しています。

青い背景は、神や宇宙の領域を表しています。

赤い羽根は、不死鳥フェニックスの羽根で、生まれ変わりを意味しています。ひょっとしてこの子どもはFOOLくん……?

赤い旗は、情熱と勝利の象徴です。

白い馬は、無垢さと生命力を表しています。

彌彌告's point

燦々と輝く太陽に情熱の赤い旗を掲げ、白い馬にまたがる元気な子ども。ひまわりもたくさん咲いています。太陽には大きな人面。赤い羽根を頭に乗せて赤い旗を持つこの子どもは、錬金術においての「賢者の石」を指し示す説もあり、その場合、この子はキリストという位置づけにも取れます。

このカードが出たときは、幸福、恵まれた運命、あふれる活気、相思相愛、子宝に恵まれる。そんな状態を表します。

正位置のキーワード

幸福 / 陽性 / 光 / 活力 / 満足 / 表舞台 / 子ども / 成功 / 音楽 / 満ち足りた精神 / 公な状況

逆位置のキーワード

損失 / 陰性 / 病気 / 計画中止 / 不人気 / 大喧嘩 / 失敗 結婚できない / 流産 / 家庭不和

神々しい天使のラッパは覚醒の時の知らせ
決断を促す最後の審判

物語 旅の終盤でFOOLくんを待っていたのは、「最後の審判」でした。天使が高らかにラッパを鳴らし、死者をも復活させる奇跡を起こしています。ラッパは、逃してはならないチャンスや、覚醒すべき時を知らせてくれているかのよう。FOOLくんは、決して逃してはならないチャンスというものがあることを学びます。完成したすばらしい世界へ行く前の最後の審判は厳しいのです。

カードが教えてくれること

赤十字は死者をも復活させ救済することを表しています。

遥か向こうにはブループリントの山が。

ラッパを吹く天使は、大天使ガブリエルの最後の審判を表しています。

青い背景は、神や宇宙の領域を表しています。

生き返った死者は、これが最終ジャッジであり、逃したら次はないことを表しています。

彌彌告's point

このカードは、良くも悪くも決断を意味することが多い。同じことを繰り返して時間を無駄にしている時。チャンスをものにしようとしている時。思い切った行動をするべき時。天使が神々しくラッパを鳴らし「今だよ!」と教えてくれるのです。そこに反応できない場合は、容赦なく置いてけぼりをくらう厳しさをもひそんでいます。このカードは、復活する、チャンスが訪れる、諦めていたことがもう一度日の目を見る、目覚めるといった状態を表します。

正位置のキーワード

復活 / 目覚め / 認証 / 勝利 / 決着 / 意識改革 / 最大のチャンス / 決断の時 / 神の誘導

逆位置のキーワード

チャンスは来ない / 完全な終焉 / 決断ミス / 頓挫する / 助けはこない / よくない知らせ

旅は終わった！！
さらなる高みを目指して、
新しい冒険を始めよう！

永遠を表す月桂樹！
世界の終わりは始まりだった

物語 最終審判を経て、ついにFOOLくんは完成した世界へとた
どり着きます。ここまで実にいろいろなことを見て、聞いて、
学んできて、ようやく「完成」と「達成」を知ります。FOOLくんの冒険の
旅は、生まれ変わってたどり着いたこの新しい世界でいったん終わりま
す。でも、ちょっと待って！　これで本当に全部わかったつもりになって
いいのかな……？　次の次元での冒険が待っているんじゃないかな？

カードが教えてくれること

月桂樹の輪は、インフィニティ（無限大）のマークでつながれています。

青い背景は、神や宇宙の領域を表しています。

手に持つ2本のバトンは女性性を表します。FOOLくんはこのうちの1本をもらって、また物語の最初に戻り、魔術師に手渡したとも言われています。

四隅の動物や天使は、四大元素を表しています。「運命の輪」と違い、もう本は持っていません。完ぺきな状態となったのです。

XXI

THE WORLD.

彌彌告's point

大アルカナの終着点は「世界」。月桂樹の輪を取り囲む四隅にはライオン・牛・天使・鷲（火・地・風・水）の四大元素が表記され、途切れることのない月桂樹の輪の中にバトンを持った女性（中性）像。次へのバトンを意味する輪廻とも言われています。つまり、このカードは終わりではなく、また次の高次元へのスタートでもあるのです。完成する、満足する、完璧になる、幸運に恵まれる、完成を見る、目的を達成できる、病気が回復する。そんな状態を表します。

正位置のキーワード

完成 ／ 統合 ／ 達成 ／ 成就 ／
完了 ／ 輪廻 ／ 広い世界に出る ／
外界 ／ 最高潮 ／ 異次元 ／ 海外

逆位置のキーワード

未完成 ／ 苦労が伴う恋愛や結婚
／ 不妊症 ／ 家族との障害 ／
ワンランク上を目指すべき時

大アルカナを
「神の領域」と「達人の領域」で分ける

　FOOLくんの冒険物語をひととおり巡ってきましたが、その他インスピレーションをもたらしてくれるいくつかのルールをここでは解説いたします。このロジックを知っておくと、タロットリーディングの奥深さが広がります！

■■■■ スーパースターとスターに要注目

　野球に詳しい人もそうでない人も、各プロ野球チームから人気実力ともに選抜されたオールスター対抗試合が存在することは知っていると思います。

　もし大アルカナだけで占いをする場合、たとえて言うならその選抜されたオールスターのみで試合をしているイメージをしてみてください。かなり豪華な試合になりますね。

　プロ野球選手になるだけでもすごいことなのに、さらにオールスターに選ばれるなんて達人の領域です。

　タロット占いは大アルカナ22枚と残りの56枚を合わせて占うため、小アルカナが力の大小を兼ね備えた通常のプロ野球選手とするならば、
　大アルカナは22枚、どれひとつとっても大きな意味合いもって試合に登場するオールスターと思ってください。
　全選手の中の選ばれし22選手ということになりますからね。

　しかし、そんなオールスターの中でもさらに神に到達するスーパースター

 TEMPERANCE. ★ THE DEVIL. ★ THE TOWER. ★ THE STAR.  THE MOON.

 THE SUN.  JUDGEMENT.  THE WORLD.

神の領域
（スーパースター）

★ DEATH.

 THE CHARIOT.  STRENGTH.  THE HERMIT.

達人の領域
（スター）

 WHEEL of FORTUNE.  JUSTICE.  THE HANGED MAN.  THE FOOL.  THE MAGICIAN.

 THE HIGH PRIESTESS  THE EMPRESS.  THE EMPEROR.  THE HIEROPHANT  THE LOVERS.

が存在します！

　現在大リーグで活躍中の大谷翔平選手など、国民の誰もがその名を知っている存在。

　それが、前のページの表でいう神領域に入る8枚のカードです。

　このカードが出るときは、大きなチャンス。または大きな危機的状況だと思ってください。

　達人領域カードよりもさらに一段上の解釈をしたほうがよく当たります。

　死は、神領域と達人領域の境目（ボーダー）となるため、このカードは両方の属性を持っているので鑑定の内容によって判断することが大切です。

逆位置のほうが良い意味になるカード

　大アルカナのほとんどのカードは正位置のほうがポジティブな意味を持つのですが、**表に星マーク（★）がついているカードは逆位置のほうがよい意味になるカード**です。

　単純なことですが、この4枚は覚えておきましょう。

背景の色も
インスピレーションを助けてくれる

　背景色のカラーリングの関連性も知っておくと、リーディングの手助けになります。

　神領域の中でも「星」から「世界」のカードにかけて背景色はすべて水色です。**水色は神や宇宙の領域につながるカラーだと解釈できます。**
　達人領域の中で「運命の輪」や「恋人」のカードの背景色は水色。「運命の歯車や恋の行方は神のみぞ知る」と思うと納得の配色です。
　また、女教皇のまとっているベールも水色。彼女は達人とはいえ人間の領域で唯一神と宇宙の領域につながっている存在と考えると彼女の神秘性が増します。

　また、**「悪魔」や「塔」の背景色は真っ黒で不吉なイメージ。**
　黄色は太陽のエネルギーを一身に受けた、明るく溌剌とした意味を持つことが多いのに対し、灰色は、「死」や「隠者」「吊るされた男」「教皇」など、物事の善悪はそんな簡単に判断できるものではないと言わんばかりのカード。

　「皇帝」の背景はオレンジのように見えていますが、実は黄色に赤い細かい線が引かれています。**国の頂点に立つには太陽のような明るさだけでなく、血生臭い赤がついてまわると考えると面白いのです。**
　このように、背景色からもさまざまなイメージが受け取れます。

小アルカナは
「掛け合わせ」で
読み解こう

3

CHAPTER

小アルカナの世界へようこそ

Chapter2ではFOOLくんの物語を通して、大アルカナ22枚のタロットストーリーの理解に挑戦していただきました。それぞれのキャラクターや事象をイメージすることがリーディングには大切だということを、まずはうっすらとでも感じていただけたら、とてもうれしいです！

さて、本章では、「小アルカナ」についてお話ししてみたいと思います。

小アルカナは全部で56枚もあり、それをすべて理解し、覚えるのは至難の業です。

大アルカナは1枚1枚の意味合いが強く、1枚だけでも十分象徴的でしたが、小アルカナは4つの属性の意味合いと、その「流れ」をとらえることがとても大切です。本章では、そのとらえ方をお伝えしたいと思います。

掛け合わせて、読み解ける

小アルカナの56枚のカードを覚える必要はありません！　何度も言いますが、カードの意味を丸暗記するだけでは、かえって深いリーディングが難しくなるからです。

ただ、基本中の基本として、小アルカナは次の構成要素から成り立っていることを理解しておいていただければと思います。これさえ理解できていれば、あとは「掛け合わせ（点と線）」で、簡単に読み解けます！

小アルカナの構成要素

「4つの属性（四大元素）」に分かれ、その中にそれぞれ、1〜10までの数札、4枚の宮廷カード（ペイジ・ナイト・クイーン・キング）があります。

4つの属性

4つの属性は、つぎの四大元素を表していますので、まずはイメージでとらえるようにしてみてください。

- **ワンド／Wands**（棒・火）：火が表すのは、行動・エネルギー・自信・男性性・始まりの衝動・やる気
- **ペンタクル／Pentacles**（金貨・地）：地が表すのは、堅実・安定・育み・自然・仕事・肉体・物質的な恵み・所有物・お金
- **ソード／Swords**（剣・風）：風が表すのは、知性・戦略・変化・葛藤・公正と不正・冷静さ・知的活動
- **カップ／Cups**（聖杯・水）：水が表すのは、愛情、家族、感情、直感、女性性、想像力、人間関係、幸福、悲しみ

数札のとらえ方

1〜10の数札は、四大元素それぞれのイメージと、数の持つ流れを組み合わせることで、1枚1枚を覚えなくてもイメージしやすくなります。

四大元素と数札をチャートにした、次のページの図を参考にしてください。

数札編

	1	**2**	**3**	**4**
ワンド（棒・火） 行動／エネルギー／自信／ 男性性／はじまりの衝動／ やる気 				
ペンタクル（金貨・地） 堅実／安定／育み／ 自然／仕事／肉体／ 所有物／お金 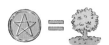				
ソード（剣・風） 知性／戦略／変化／葛藤／ 公正と不正／冷静さ／ 知的活動 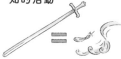				
カップ（聖杯・水） 愛情／家族／感情／直感／ 女性性／想像力／人間関係 ／幸福／悲しみ 				
	始まり／ 潜在能力	選択／分裂	開花／安定	定着／守り
	1はすべてのエネルギーが生まれる瞬間	2つの物事が存在したとき、選択と分裂が生まれる	3は三角。面となり安定した状態が生まれる	安定した状態を守り抜く姿勢や継続した状態となる

74

「元素」と「数字の流れ」をつかむことが大事！

5	6	7	8	9	10

破壊／困難	**克服／調和**	**継続／衰退**	**経過／動き**	**準備／完成前**	**完成／過剰**
4で守られたものもいつかは破壊され、困難な状況に	5で破壊されたものを克服し、再び調和の取れた状態へ	調和の保たれた状態から衰退か繁栄の道へと別れる	着実に事態が動くカードと停滞するカードに分かれる	完成一歩手前。どんな結果が待ち受けている？	すべての終着点。すべては流れのままに

宮廷カード編

　宮廷カードは人物像をイメージすることが大事です。こちらも、各元素のイメージと組み合わせることで、それぞれのカードのイメージがしやすくなります。

　四大元素と宮廷カードをチャートにした、次の図を参考にしてください。

　小アルカナは、数札の場合は、4つの属性（ワンド・ペンタクル・ソード・カップ）のイメージと数字の持つ流れを組み合わせることで、1枚1枚の意味を覚えなくても、カードを読み解くことが可能です。宮廷カードの場合も同じく4つの属性と、それぞれの人物像のイメージを組み合わせることでリーディングが可能です。

　カード自体の意味を丸暗記するだけだと深いリーディングが困難になりますので、ぜひこのチャートを参考に、小アルカナは「属性×数札」「属性×宮廷人物」の掛け合わせで流れをつかんでみてください。

「人物像」をイメージすることが大事！

 ペイジ　　ナイト　　クイーン　　キング

ワンド（棒・火）

KING =

行動／
エネルギー／
自信／男性性／
はじまりの衝動／
やる気

ペンタクル（金貨・地）

PAGE =

堅実／安定／
育み／自然／
仕事／肉体／
所有物／お金

ソード（剣・風）

KNIGHT =

知性／戦略／
変化／葛藤／
公正と不正／
冷静さ／
知的活動

カップ（聖杯・水）

QUEEN =

愛情／家族／
感情／直感／
女性性／想像力
／人間関係／
幸福／悲しみ

見習い／未熟	若さ／勇敢	女性性／守り	男性性／責任
子ども〜青年 始まり、可能性、 幼児性	青年〜成人 チャレンジ、 活動、情熱	成人〜中年 安定、サポート、 女性の最高位	成人〜熟年 完成、リーダー、 経験豊富

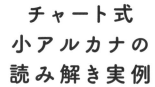

チャート式
小アルカナの
読み解き実例

—— 属性と数の組み合わせで広がる小アルカナの読み方 ——

数札編

Q 新しい飲食店を始めようと思っています。
どうすればうまくいきますか?

A 数札が「1」です。1は、スタートを表す数字、1の正位置が
出ている時点でうまくいく可能性が高いです。それでは、
それぞれの属性の意味を当てはめていきましょう。

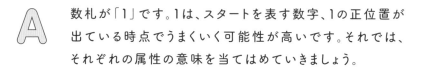

火のように勢いがある、やる気に満ちた
スタートを切れたらうまくいきそうです。

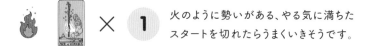

従業員をきちんと教育し、
資金に余裕をもったスタートを切りましょう。

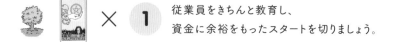

しっかり計画や戦略を立てルールを決めて
スタートをすればOKです。

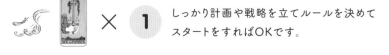

お客さまファーストで行き届いたサービスを
心掛けてスタートすればうまくいきます。

宮廷カード編

 Q ちょっと気になる人がいます。
その人はどんな性格でしょうか?

 A ナイトの正位置が出ている時点で、素晴らしい青年であることがわかります。どんな人かをそれぞれの属性の掛け合わせで見てみましょう。

  ×  　知性があるうえに、
情熱的な青年でありそう。

  ×  　戦略を兼ね備えた
真面目で実直な青年でありそう。

  ×  　冷静でありながらスピード感と
行動力がある青年でありそう。

  ×  　公正な感覚と優しさをもった
青年でありそう。

このように、76〜77ページや79ページのように縦と横の掛け合わせで読み解いていくとよいでしょう。それぞれのキーワードを見たくなったら、巻末の「小アルカナキーワード早見表」を参照してください。

CHAPTER

4

自分で
占ってみよう！

タロットは自分で占えるから楽しい

　では、さっそく自分で占ってみましょう！

　Chapter1でもお伝えしたように、占う際の代表的な手順としては、**「カードをシャッフルし、3つのかたまりに分けて、並べて、カードを選ぶ」**、これだけです。自分にしっくりくるやり方で占うことが重要なため、彌彌告式では、この手順にもこだわらないのですが、まずは皆さんが取り掛かりやすいように、この代表的なやり方をご紹介しますね。

タロット占い　基本の基本

1.シャッフルする

　カードをシャッフルし、ここで大丈夫というところで手を止める。混ぜ方は自由でOK！

2.　1つの山にまとめ、好きな分量で3つの山に分ける。

　※誰かを占う場合は、3つに分ける作業を占う対象者にやってもらう。

3. 分けた３つの山を好きな順番で１つの山に戻す。

※誰かを占う場合は、１つに戻す作業を占う対象者にやってもらう。

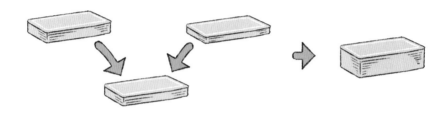

「１枚引き」からチャレンジ

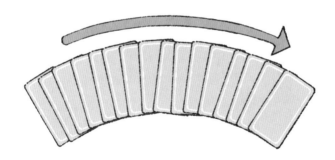

　占いの手法として、タロットを全部並べて、気になるカードを１枚引いてそのカードから答えを導き出す手法を「１枚引き」と言います。そのほか、決まった位置にカードを並べて場所に意味合いを持たせ占う「スプレッド（展開）法」がありますが、１枚引きは占いたいことを即座に占うこ

とができるので便利です。

　1枚引きでは、準備した山を前ページのように扇形に並べ、質問したい内容を考えながら、気になるカードを1枚引きます。そのカードの意味をリーディングします。

1枚引きで大事なことは質問の定義づけです。

　カードに曖昧な聞き方をしてしまうと、答えもふわっとした感じで返ってきてしまうのです。

　たとえば、「A君とB君、どっちと付き合うのが良い?」と聞いてしまうと結果のカード次第では答えがどっちかわからなくなる可能性が出てくるため、「A君と付き合った場合」と「B君と付き合った場合」と両方を引けば結果がどうであれ間違いはなくなります。

　このように、**カードに問いを立てるときには具体的に質問をすることがポイントです。**

1枚引きで答えがわからなかったら、もう1枚引いてみよう

　1枚引いただけだと、どうしても答えがわからない場合があります。

　上記のA君とB君のカードを引いて、どちらのカードの結果も悪かった場合、「他に目を向けた場合は?」と聞いてみたり、諦めきれなければ「A君とB君とどうすれば付き合ったあとに長く続くことができますか?」などと、聞いてみましょう。

　変化をつけながら、カードにヒントをもらうことができます。

彌彌告はこんなふうに読む！
読み解き実例

ここからは、シーン別に実際に鑑定した実例をお話ししていきます。
カードはこんなにも人に優しく、ときに厳しく、ユニークです。

【恋愛編】世間の常識にとらわれず、カードの結果 に従った彼女が手に入れたものとは！？

20代のかわいらしい女性の相談者さん。

美人さんゆえに男性からのアプローチが多く、恋のサイクルは短めで、
時には1カ月ももたないで次の方の相談があるほどの恋多き女性です。

モテすぎなのも考えもので、ちょっと気になることがあればすぐに相手を
ふってしまうというサイクルを繰り返していました。

しかし、そんな彼女が初めて自分から恋をしたのです！

相手は売れない俳優。ほとんどお金もなく、彼女が生活全般の工面を
している状態で、世間でいうヒモみたいな男性でした。

毎回相談をされるたびにひどい内容でしたので、占い師としてではなく、
わたし個人としては「早く別の方に目を向けたほうが幸せになれるので
は？」と思っていたのですが、ことあるごとに愛情を注ぎ続ける暗示を示
す「女帝」の正位置や、チャレンジし続けることで勝利する「戦車」の
正位置などといったカードがシーンごとに出てきて、カードはこの人とのお
付き合いをまだ続けなければならないと言ってきます。つまり別れたほう
が良いという結果がなかなか出てこないのです。

一般常識で考えたら、このような恋は手放したほうが良いと思いますよ

ね。
　しかし鑑定をしていると、わたし個人の意見とか世間の常識とはかけ
離れた答えがしばしば出てきます。
　鑑定では個人の見解を挟まず、カードが言っていることをそのまま伝え
ます。経験上、個人の見解が入ることでリーディングが別の方向に行っ
てしまうことが多いのです。
　それゆえ、まだこの関係を続けるようにアドバイスしました。

　そんな経過をたどってだいぶ経ったある日の鑑定時、彼女が突然言い
ました。
「彌彌告さん、わたし、すんごいアイテムを手に入れちゃった！」
「え？　何？」と聞いたところ、返ってきた答えが
「菩薩の心♡」

　思わずお腹を抱えて笑ってしまいました。
「それはものすごいものを手に入れたね」と言い、鑑定に臨んだところ、
なんともあっけなく、二人の関係の終焉を表す「死」の正位置が出てき
て、あれだけ別れるなと言ってきていたカードが「彼とお別れしたら？」
と結果を出してきたのです。

　自分の意にそぐわない相手はすぐに切り捨ててきた彼女が、初めて自
分から人を好きになったこの恋で、相手に尽くすことを学んだのです。つ
いには「菩薩の心」まで手に入れてしまった。
　その修行が終わった今、そのヒモのような彼とは「お別れしなさい！」
とカードは言ってきたのです。

　彼女と彼の関係性だけで見ると、将来性のない無駄なお付き合いと思
えました。しかし、視点を変えると、彼との関係性は大いなる学びとなり、

彼女を大きく成長させてくれたと言えます。

　その結果において、2人がその後どうなったかは秘密ですが、彼女の恋愛観は確実に良い方向に進み、今では幸せな結婚生活を送っています。

【人間関係編】上司のパワハラに悩む女性。でも カードは別のことを言っていて……?

相談者さんは30代の働き盛りの女性。

この世の終わりというような暗い顔で鑑定にいらっしゃいました。相談内容は、上司のパワハラ。同じチームの中で自分だけに当たりが強く、要求もハード。その状況に疲れ果てて、会社を辞めるべきかどうかの相談に来られました。

さっそく上司との関係性を鑑定したところ、下の者を高みに導く使命を表す「教皇」の正位置が出てきただけでなく、辞めずに会社を続けて行った結果がどうなるかを補足で鑑定したところ、勝利を表す「ワンドの6」正位置も出てきました。では、今の状況はどういうことかとさらにカードに聞いてみると、表現やコミュニケーションが稚拙な「カップのペイジ」の逆位置などが出て、カードによると、実はその上司は表現が壊滅的に下手で、彼女に特別目をかけていることが裏目に出ているというのです。

その結果を彼女に伝えたところ、今の精神状態ではとてもそんなふうに思えないとおっしゃいます。それもそうだと考え、

「では、明日から1週間だけでも良いので、上司が自分に目をかけてくれているのかもしれないと想定して過ごしてみてください。それでも意地悪をされていると思えるような扱いなら、辞める方向性に持ってゆくのはどうでしょう?」と提案しました。

彼女も1週間だけならと思ってくれたようで、もしダメだった場合の退社シナリオも一緒に鑑定し、持ち帰ってもらいました。

半年後に彼女は再び鑑定に来てくれて、このお悩みがどう変化したのかを話してくれました。

鑑定の次の日から彼女は視点を変えて出社し、1週間だけ素直に上司

に言われたとおりやってみたとのこと。自分のことを思ってくれているがゆえにうるさく言ってくるのだと強引に思い込むようにし、一心不乱に仕事をしていたら、上司はもとより、チームや部署を越えて、さまざまな人たち

から高評価をもらえたのだそうです。

　それをきっかけに眠っていた才能が目覚め、自信が持てたと言います。半年後には、会社全体にその名が知れわたるような立場になったそうです。

　その上司の言葉には「たしかに言われてみれば……」という点もあったそうですが、言い方がきついので、今でもその上司のことは嫌いだそうです（笑）。

　よく「明日引いたら違うカードが出るでしょ？」と聞かれます。

　たしかにそうなのですが、それは変わって当然なのです。

　今回の相談者は、タロットをやる前は、上司にパワハラを受けている視点を持っていました。しかし、カードから指摘を受けたことによって、翌日は、「もしかしたら上司からの期待から、パワハラを受けているのかもしれない」という視点に変わりました。

　この間たった1日です。当然、状況や環境が急に次の日に変わっているはずもないのですが、彼女の視点が変わることによりカードの出方も変わるのです。この視点の違いが鑑定の結果にも反映されます。

　これはうまくいったパターンですが、逆にどんなに本人が努力していたとしても相手による完全なるパワハラが現実の場合は、「吊るされた男」の逆位置などが出てくることが多く、その場合はまったく無駄な自己犠牲となるので、その会社はさっさと逃げたほうが良いとお伝えするパターンもあります！

　状況が膠着状態だったり、解決できない場合は、何回引いても同じような意味のカードが出ます。

【仕事編】占いの結果を即実行!阿吽の呼吸でステップアップ

　10年来のクライアントさんである、デザイナーさんがいます。最初に出会ったころは、進むべき方向性や、評価が伴わないことにお悩みでした。

　一発目にカードが導いてきたのは、「世界」が指し示す大幅なランクアップの海外への挑戦でした。

　そのことをお伝えしたとたん、迷っていたヨーロッパの展示会へ挑戦する気持ちが湧いたそうで、それ以来、間違えて押したエレベーターの扉が開いたらヨーロッパ専門の旅行代理店のある階だったり、展示会につながる人脈が急に広がったり、必要な情報が次々と舞い込むようになったそうです。

　実はビジネスと占いの関係で大切なのは、クライアントと占い師とが二人三脚で走ることなんです。

　たとえば、「あなたのチャンスは海外にあります!」と急に言われても、すぐに動ける人とそうでない人とで分かれると思います。

　このクライアントさんは、占いで出た結果を真摯に受け止め、即座に行動してくれました。

　補足すると、タイミングや、その人のペースがありますから、占いで出た結果をすべてすぐにやらなければならないと言っているわけではありません。

　ただ、結果について**アンテナを張り、そこで感じたことを即実行に移す。そういった癖がついている人は、ビジネスでも占いをうまく活用し、結果を出していると感じます。**

　特に、鑑定を長年続けさせてもらっているクライアントさんとは、阿吽の呼吸みたいなものが生じ、カードが告げてきた言葉をお互いが正確に

把握できるようになっていくのを感じます。

　たとえば、「このプロジェクトはこのまま進めたらどうなる?」とカードに聞いたとして、返ってきた答えが、順調だった流れが急激に悪い方へ変化しはじめる「運命の輪」の逆位置が出てきたので、「このままの状態で進めると暗礁に乗り上げる暗示が出ている」と伝えました。すると、「彌彌告さん、ちょっと待って、今から会議の招集かけるわ」とその場で電話するといったテンポなのです。

　こうなると、鑑定がスピード感を増してくるので、結果がついてくるのも早い。

　占いは特別な事情がない限り、基本的には鑑定で出たことをお伝えするまでが仕事。その先のアクションはクライアントさんの仕事です。

　それゆえ、信頼関係を築くことがとても重要になってきます。そうしてきた結果、このデザイナーさんは十数年経った今、世界的なデザイン賞を受賞するなど活躍中です。

　占いを通して、人がステップアップしてゆく姿を見続けることができる──。それが占いをしていて何よりうれしいことの1つです。

タロット占いは幸せへの道しるべ

　占いをなりわいとしているのだから、当たるのは当然の結果として求められる職業であることは事実。

　占う側の立場として客観視したとき、各ジャンルで成功している方々は鑑定の結果を大事にされている方が多く、また、鑑定の結果を自分なりに検証して現実的に動いているので、レスポンスも早く、鑑定が当たったという結果につながるロジックが存在します。

　もちろん、努力とは別の、運命の出会いや奇跡みたいなものも事例としてあるのですが、そのいずれにしても**クライアントさんが望む幸せへの道しるべがタロット占い**だと思うのです。

　「彌彌告さんの占いが当たりました！」とおっしゃってくれるクライアンさんにわたしがよくお伝えするのは、「**それはあなたがタロットの結果をトライしたからですよ！**」ということ。タロットは実に細かく雄弁にその方向性を示してくれるので、占い師はそれをしっかりそのまま伝え、クライアントさんをやる気にさせたりするまでがお仕事なんです。

「カードは優しい」その心は？

　長くお付き合いの続いていた、クライアントさんのケースをご紹介します。
　ある悩みに対して、何度となくカードから進むべき方向を暗示されても、思考の転換が難しく、いつも同じ答えが出ていました。何も対

処しなかったことにより、状況は暗転するばかり。追い詰められたあるとき、すべてのカードが悪い結果しか出てこなくなりました。

　わたしは「今まで何度もチャンスがあったのに取り組まなかった。もうこれ以上は好転するのが難しい、この案件は諦めたほうが良い」と告げました。

　するとそのクライアントさんは怒った様子でお帰りになりました。長年のお付き合いが難しくなってしまったなと寂しさを感じましたが、この占いは、数カ月後、面白い結果となって返ってきました。

　共通の知人を介して、そのクライアントさんが、諦めたほうが良いと告げた案件に対し、悔しくて死に物狂いで取り組んだところ、うまくいっていることを知りました。

　そのときわたしは、なんてカードは優しいのだろうと感動しました。

　すべてのカードを悪く出して、もうこの案件を諦めたほうが良いと告げることのみが、最終的にそのクライアントさんを救う結果となっていたのです。見放したのではなく、最終手段でこの方法しか残されていなかったのだなと直感したのでした。

　占いは「当たるかどうか」だけでなく、幸せになるために使うものとお伝えしましたが、まさに、このパターンはその内容に当てはまると思います。

　このクライアントさんからすれば、わたしの占いは「当たらなかった」ことになりますが、誤解を恐れずに言えば、それはどうでもいいことで、その方にとって、当たらないほうが幸せになっているわけです。

　本書はタロットのハウツー本ではありますが、実際に起こったケー

スから、タロットが伝えてくれることの奥深さをお話ししてきました。

　タロット占いに関しては、ここには書ききれないくらいたくさんのドラマがまだまだ存在しますが、これからタロットの世界に触れるみなさんにも数々の驚嘆するような鑑定結果が待っていると思います。このタロットを使った占いをどうぞ心ゆくまで堪能してください。

「大アルカナ」キーワード早見表

正位置

⓪	**The Fool** （愚者）		気楽なチャレンジ ／ 好奇心旺盛 ／ 冒険心 ／ 無我夢中 ／ 勇気の一歩 ／ フリーダムな心 ／ まったく新しい発想 ／ 既存からの脱出 ／ 愚かなふりをしている食わせ者 ／ するっと入り込む自然体 ／ ゼロからスタート
①	**The Magician** （魔術師）		才能の塊 ／ 技能が向上する ／ 独創的で個性的 ／ 柔軟な対応ができる ／ 見通しが立つ ／ 行動を起こせる ／ 連絡が取れる（取るべき） ／ マルチタスク ／ 先頭に立つリーダーシップ ／ クリエイティブでスタイリッシュ ／ 新しいスタート！
②	**The High Priestess** （女教皇）		真理 ／ 理性的な判断や行動 ／ 良識 ／ 霊感やスピリチュアル ／ 禁欲的 ／ 処女性 ／ 霊感 ／ 電話やメール ／ 知的 ／ 合理的に進む ／ 筋が通った見通しが立つ ／ インスピレーション ／ コンサバティブ ／ 隠された真実 ／ パワースポット巡り ／ お局様
③	**The Empress** （女帝）		幸運 ／ 成功 ／ 結婚 ／ 女性的幸せ ／ 家庭的 ／ 親子 ／ 妊娠 ／ 安らぎ ／ 魅了 ／ 趣味 ／ 習い事 ／ おしゃれ ／ 財産 ／ 同情心 ／ 人気 ／ 衣食住や心と体のバランスが取れる ／ 心が豊か ／ 優しさと感謝 ／ 母性 ／ 適齢期の女性
④	**The Emperor** （皇帝）		カリスマ性抜群 ／ 能力に秀でる ／ 実行力 ／ 自分の考えを貫く ／ ライバルに勝つ ／ 活動的 ／ 金運が良い ／ 物質的満足 ／ 活動的 ／ 勝利する ／ 具体的なビジョンが立つ ／ 有識者に出会う ／ あふれる情熱 ／ リーダシップ ／ 自信に満ちる ／ 社長
⑤	**The Hierophant** （教皇）		信仰 ／ 教養 ／ 経験 ／ 指導力 ／ アドバイザー ／ 祝福される結婚 ／ 慈悲 ／ たくさんの人や友達 ／ 慎重 ／ 義理堅い ／ 人がたくさんいる ／ オフィシャル ／ 目上の人物や思いやりの気持ちで展望が開ける ／ 伝統を守る ／ 誠意がある
⑥	**The Lovers** （恋人）		恋愛 ／ 恋の予感 ／ 選択 ／ 共同ですること ／ 選択するべき時 ／ 直感的な判断 ／ 外交 ／ 同情 ／ 調和 ／ 好奇心 ／ 二面性 ／ 岐路に立つ ／ 選択もできる ／ 小旅行 ／ パートナーシップ ／ SNSで連絡してみる ／ コミュニケーション
⑦	**The Chariot** （戦車）		克服 ／ 頑張る時 ／ 向上心 ／ 寛大さ ／ 成功 ／ 発展 ／ 追及 ／ 海外進出 ／ 別の世界への出発 ／ 行動範囲が広がる ／ 自立心 ／ 家を出る ／ 車や移動するもの全般 ／ どんどん先に進む ／ 新しい世界へのチャレンジ ／ 行動すると道が開ける
⑧	**Strength** （力）		理性や感情と本能のバランス ／ 慎重さと大胆さのメリハリ ／ 発展する ／ 独立独歩 ／ 誠実 ／ 結果が得られる ／ 快活で健康的な状態 ／ 行動的 ／ 奇跡 ／ 勇気 ／ 絶好のチャンス ／ 優しさの力 ／ シンクロ力 ／ 見えない力 ／ 出会いの奇跡
⑨	**The Hermit** （隠者）		理論的 ／ 理知的 ／ 機知 ／ 自分自身をじっくり見つめる ／ 立場をわきまえる ／ 思慮分別 ／ 記憶 ／ 密かに進める計画 ／ 有能 ／ 隠されている事柄に気がつく ／ 落ち着いている ／ 孤独が好き
⑩	**Wheel of Fortune** （運命の輪）		好転する状況 ／ 急な幸運 ／ 運が向いてくる ／ 意外な助け ／ 棚からぼた餅 ／ 大きな変化 ／ イメージチェンジ ／ 発明 ／ 運気の変わり目 ／ 大きな節目 ／ 転換期 ／ ローテーション ／ これから良くなる ／ いい風が吹き始める

「正位置」「逆位置」それぞれの大アルカナのキーワードを一覧にしました。
占うときの参考にしてみてください。

11	**Justice** （正義）		公正な態度 ／ 平和的 ／ 友好的 ／ 穏やか ／ 公明正大 ／ 不正を暴く ／ 法律 ／ 権利関係 ／ 権利の行使 ／ 認められる努力 ／ 公平な態度で臨む ／ 理性的に事態に当たる ／ 決着をつける ／ いい物件や不動産 ／ 正義を貫く
12	**The Hanged Man** （吊るされた男）		犠牲 ／ 忍耐 ／ 試練に耐える ／ 現在の苦労は報われる ／ 魂の成長の時 ／ 自己犠牲 ／ 時を待つ ／ 水面下で良い方向に変わりつつあるが表面的にはまだ変化が見られない状態 ／ 苦労を買って出ると成長する ／ 光は必ずある
13	**Death** （死）		孤独 ／ 孤立 ／ 思い切った大改革 ／ 試練 ／ 忍耐 ／ 無感動 ／ 静止 ／ 完全な停止状態 ／ どうにもできない ／ リセット ／ 死と再生 ／ 永遠 ／ 無限ループ ／ 捨てることで新しいことが手に入る ／ 次に行ったほうが好転する
14	**Temperance** （節制）		完璧なバランス ／ 順応する ／ 感受性 ／ 穏やか ／ やりくり ／ 中庸 ／ 臨機応変 ／ 向上 ／ 倹約する ／ 穏やかに調和する ／ 新しい発見がある ／ 家庭で新しいことがある ／ 満ち足りる ／ 調整 ／ 中和 ／ ゼロ磁場 ／ 落ち着く空間 ／ ワンランク上の居心地
15	**The Devil** （悪魔）		打算的 ／ 野心 ／ 権力 ／ 誘惑に弱い ／ だらけている ／ 利己主義 ／ 束縛 ／ 向上心の欠如 ／ 怠惰 ／ 堕落 ／ だらしない ／ 機会を逃す ／ 出口が見えない ／ 悪循環 ／ 危険思想 ／ 暴力的 ／ 人を騙す ／ 洗脳 ／ 支配力 ／ 刹那的な生き方
16	**The Tower** （塔）		事故 ／ けんか ／ トラブル ／ 改革 ／ 刷新 ／ すべてが無駄になる ／ 無理がたたって限界を超える ／ 半強制的な価値観の変化を迫られる ／ 事態の崩壊 ／ 思ってもみなかったできごと ／ 危機 ／ 災難 ／ 戦争 ／ 災害 ／ 暴落
17	**The Star** （星）		希望 ／ 理想 ／ 新しい発見 ／ 価値の発見 ／ 視野が広がる ／ 楽になる ／ 希望が見える ／ 目標が見えてくる ／ 順調 ／ 美しくなる ／ 希望に向かって走り始める ／ 時間はかかるが成功する ／ キラキラな日々 ／ 美しい循環 ／ 清楚
18	**The Moon** （月）		不安 ／ 不満 ／ 不信感 ／ 不規則 ／ 騙される ／ 嘘 ／ 裏切り ／ 決断力がない ／ 勘が働かない ／ 漠然とした不安 ／ こっちが動いても結果が出ない ／ 霊や信仰や先祖、墓などに関係したこと ／ 家庭の中の不和 ／ 時間をかけて衰退する
19	**The Sun** （太陽）		楽しい ／ 活力が湧く ／ 満足できる ／ 恵まれる ／ 精力的 ／ 勇気 ／ 健全 ／ 進歩的 ／ 公的 ／ どんどん行動する ／ 晴れ晴れとする ／ 結果が届く ／ 援助される ／ 新しく始まる ／ 追い風が吹く ／ 成功 ／ 名声 ／ 有名になる ／ スターになる
20	**Judgement** （審判）		復活 ／ 再生 ／ 復縁 ／ チャンスが訪れる ／ 報われる ／ 諦めていたことがもう一度日の目を見る ／ 努力がやっと報われる ／ 精神的に成長する ／ 目覚めの時 ／ 最後のジャッジ ／ 決定的瞬間 ／ 時勢に乗るべき ／ 神の采配
21	**The World** （世界）		完成する ／ 満足する ／ 幸運に恵まれる ／ 悟りを開く ／ 完璧なタイミング ／ 最高潮 ／ 1つの完成を見る ／ 完璧 ／ 記録や目的を達成できる ／ 遠くへ行く ／ 旅行や移動をすると吉 ／ 病気が回復する ／ 一つ上の次元に行く

逆 位 置

| ⓪ | **The Fool** （愚者） | 浅はかな考え ／ 衝動的な愚行 ／ お金使いが荒い ／ 浪費癖 ／ 無謀な行動 ／ 足が地に付いていない愚者 ／ 目的意識がまったくない ／ だらしない ／ 目標が見つからない |

| ① | **The Magician** （魔術師） | 何のアイデアもない創造性に欠けた考え ／ 行動できない ／ チャンスを逃す ／ 才能がない ／ 誤った考え ／ ずる賢い ／ 飽きっぽい ／ やりっぱなしに終わる ／ 連絡がつかない ／ 頭が冴えない |

| ② | **The High Priestess** （女教皇） | 無理解 ／ 不公平 ／ 感情的 ／ 思慮深さに欠ける ／ 分別がない ／ 理屈ばかりの知識 ／ 冷たい印象 ／ 裏切り ／ 利己的 ／ 神経過敏 ／ 移り気 ／ 虚勢を張る ／ 神経質になっている ／ KYな人や発言 ／ 頑固な |

| ③ | **The Empress** （女帝） | 過保護 ／ 猫かわいがりする ／ 流される愛情 ／ 虚栄心 ／ 問題がこじれる ／ 物質欲に傾く ／ 家庭内トラブル ／ 見栄っ張り ／ 好色 ／ 怠け心 ／ お金を使いすぎ ／ うわべに偏る ／ 八方美人 ／ 母親に振りまわされる |

| ④ | **The Emperor** （皇帝） | 傲慢 ／ 自分勝手 ／ 人の意見を聞かない ／ 自信喪失 ／ 反省がない ／ 独りよがり ／ 物欲や情欲に流される ／ ギャンブルに負ける ／ 暴力的 ／ 衝動的 ／ 経済的に苦しくなる ／ 見かけだけ ／ 威張った人 |

| ⑤ | **The Hierophant** （教皇） | おせっかい ／ だらしない生活 ／ 無頓着 ／ 贅沢 ／ 怠惰 ／ 見栄っ張り ／ 虚栄心 ／ 孤立無援 ／ 目上の人に恵まれない ／ 無感動 ／ 鈍感 ／ 自分勝手 ／ 真面目すぎる ／ 人に優しくない ／ ずる賢い |

| ⑥ | **The Lovers** （恋人） | 決断できない ／ 過干渉 ／ どっち付かずで進展しない ／ 集中力がなくなる ／ 裏切り ／ 離別 ／ いらいらする ／ 快楽主義 ／ 間違った選択 ／ 飽きっぽい ／ 浮気 ／ グループからの脱退 ／ 余計な一言 ／ SNS炎上注意 |

| ⑦ | **The Chariot** （戦車） | 無頓着 ／ 自信過剰 ／ 不摂生 ／ 無責任 ／ 現実のとらえ方が甘い ／ 自立心に欠ける ／ 動きが止まる ／ 強引さからくる人災 ／ 先に進めすぎ ／ やり方や考えを改める ／ 準備不足 ／ 仕掛ける時ではない ／ タイミングの問題 |

| ⑧ | **Strength** （力） | 不運 ／ 過信 ／ 見栄っ張り ／ 無気力 ／ 怠情 ／ 権力の乱用 ／ 実力を生かせない ／ 中傷 ／ 賭けに失敗する ／ 逆境 ／ 苦難 ／ 落ち着かない ／ 誰も信じられない ／ 尖ったナイフ ／ 目標を見出せない ／ 挫折する |

| ⑨ | **The Hermit** （隠者） | 頑固 ／ 疑い深い ／ 偏屈 ／ 神経過敏 ／ 苦労性 ／ 友人がいない ／ 引きこもる ／ 通じない ／ 何かと気に病む ／ 連絡や文章のミス ／ 閉ざされている ／ 頑固になっている ／ 権力の偏り ／ 頑固ジジイ ／ 形にとらわれすぎている |

| ⑩ | **Wheel of Fortune** （運命の輪） | 不運 ／ 衰退する運気 ／ 打開策のない状態 ／ どうにもならず時間だけが過ぎてゆく ／ 反逆者や革命者が現れる ／ 苦しくなる ／ 変わることができない ／ 急激に悪くなる変化 ／ 根本的な変革をできないまま継続する |

11	**Justice** （正義）		不公平 ／ 不満がつのる ／ 不摂生 ／ ずるいことをする ／ 失望 ／ 冷たい ／ 冷徹な判断 ／ 書類や法律上のミスからトラブルが起こる ／ 公平に扱われない ／ 決着がつかない ／ 敗訴 ／ 人の道に反する ／ 人徳がない
12	**The Hanged Man** （吊るされた男）		まったく無駄に終わる努力 ／ 苦労が報われない ／ 成長がない ／ メリットがない ／ 自己中心的 ／ 学びたくても学べない状況 ／ 徒労 ／ すっぱり諦めるのが吉 ／ 望んでいるのと別の方向へ行く ／ 見切りをつける時
13	**Death** （死）		一度終わりを迎える ／ 再生の時期 ／ 立ち直り ／ 一歩手前で復活する ／ 生まれ変われる ／ 再生 ／ 停止状態が解除される ／ 事態が動き出す ／ 内面的なふん切りがつく ／ リターン ／ 諦めていたことが復活する
14	**Tempe rance** （節制）		やりくりがうまくいかない ／ 感情的 ／ 衝動的 ／ 仲間内や家庭の不和 ／ 灯台下暗し ／ 警戒心が強すぎる ／ 過ぎたるは及ばざるが如し ／ 不協和音 ／ 極端な状態 ／ 気が悪い ／ ざわつく心 ／ 気持ちの悪い状態
15	**The Devil** （悪魔）		野心 ／ 権力 ／ 反省 ／ 開放される ／ 出口が見つかる ／ 怠惰な状態から抜け出す ／ 解放される ／ どうにもならない状態に終止符が打たれる ／ 厳しい状況からの脱出 ／ 洗脳からの解放 ／ 犯罪から逃れる ／ 一か八かの賭けに出る
16	**The Tower** （塔）		瓦解するさま ／ 崩壊一歩手前で踏みとどまる ／ ギリギリで何とか見通しがつく ／ 九死に一生 ／ いちばん大事な物が残る ／ 身一つになる ／ 妥協のともなう結果 ／ ギリギリの状態 ／ 一歩手前 ／ 無に返す時 ／ 覚悟 ／ 潔く認める
17	**The Star** （星）		埋想が見えなくなる ／ 見つからない何かを求め続ける ／ 現実の厳しさ ／ 見込みの甘さ ／ けんかが起きる ／ 道のりの長さに気持ちがへこむ ／ 落とし所が見つからない ／ 具体性がない ／ 非現実的な夢 ／ 人に恵まれない
18	**The Moon** （月）		迷いが晴れる ／ 徐々に落ち着く ／ 時間をかけて好転する ／ 不安軽減 ／ 見通しがつき安心する ／ 壁が取り除かれる ／ 蘇り ／ 危険を回避 ／ 徐々に現れる真相 ／ 長く忘れられない人から連絡がくる ／ トラウマから解放 ／ スピリチュアルに目覚める
19	**The Sun** （太陽）		急な暗転 ／ 取りやめ ／ 無駄遣い ／ 自分勝手があきらかになる ／ 元気がなくなる ／ 計画の中止 ／ 不運 ／ 急に見通しが立たなくなる ／ 浪費している ／ 難航する ／ 気持ちがダウン ／ 目に見えて衰退する ／ 暗い未来 ／ 人気が落ちる
20	**Judgement** （審判）		チャンスに恵まれない ／ 完全な終焉 ／ 希望が潰える ／ 犠牲だけを払わされる ／ 決断ミス ／ 思っていたのと他の方向へ行く ／ 大きすぎて無謀な対象や目標 ／ 思い切った決断が必要 ／ 方向性の欠如 ／ 道標がない ／ 思考を止めてしまう
21	**The World** （世界）		未完成 ／ 事態が膠着状態になってどうにもならない ／ 革新の必要性 ／ はかどらない ／ 進展しない ／ 行き詰る ／ 限界に気づく ／ 成功するが間に合わない ／ 実現するが手遅れになる ／ なかなか海外に行けない

「小アルカナ」キーワード早見表

ワンド（正位置）

1	活力がみなぎる ／ 冒険の始まり ／ 野望 ／ すべての始まり ／ 想像 ／ 誕生 ／ 絆
2	スタート後の経過は順調 ／ 支配的な立場に立つ ／ 昇格 ／ 指導力 ／ 財産 ／ 不動産
3	成長 ／ 良い結果 ／ 良いチームワーク ／ 役立つアドバイス ／ 実績 ／ 共同事業
4	計画の成就 ／ 安らげる場所 ／ 調和 ／ 繁栄 ／ ロマンス ／ 両思い ／ 休息 ／ 祝福 ／ 出会い
5	争い ／ 衝突 ／ 口論 ／ 互いを知るための摩擦 ／ 競争 ／ 意見の対立 ／ 切磋琢磨 ／ 心の葛藤
6	勝利 ／ 恋愛成就 ／ 達成 ／ 競争を勝ち抜く ／ 協力者あっての成功 ／ 周囲からの賞賛
7	対決 ／ 有利な位置からの守り ／ 危機的状況の中で戦う ／ 孤軍奮闘 ／ 摩擦 ／ 妨害
8	成功 ／ スピードをもって広がる ／ 海外旅行 ／ 障害はない ／ チャンス到来 ／ 新たな方向
9	これまでの経験から上手に対応できる ／ 病気の再発 ／ 焼けぼっくいに火がつく ／ 持久戦
10	重い責任 ／ プレッシャー ／ 人に仕事を振るべき ／ あれこれ手を広げすぎている
ペイジ	情報を集めると吉 ／ 親切心が大切 ／ 誠実な人 ／ 信頼の置ける人物 ／ 潜在能力
ナイト	独立心 ／ 愛の訪れあり ／ プレゼントをもらえる ／ 勇気あふれる行動 ／ 移動や転居
クイーン	努力は報われる ／ 友情が愛に変わる ／ 天真爛漫 ／ 聡明 ／ 面倒見が良い ／ 姉御肌
キング	誠意が認められる ／ ジェラシーが沸き起こる ／ 情熱家 ／ 権力者 ／ 力強く頼もしい

「正位置」「逆位置」それぞれの小アルカナのキーワードを一覧にしました。
占うときの参考にしてみてください。

ワンド（逆位置）

1	弱気 ／ 困難が多い ／ 自己中心的 ／ 衰退 ／ 情熱が冷める ／ 企画倒れ ／ 間違ったスタート
2	自信喪失 ／ 束縛への苦悩 ／ 自立できない焦り ／ 孤立 ／ 不安
3	なかなか成長しない ／ 協力者がいない ／ チームワークが悪い ／ 慢心 ／ 停滞 ／ 気まぐれ
4	幸せはまだ遠景の中にぼやけている ／ 無駄 ／ 余暇 ／ 娯楽 ／ 受け身の姿勢 ／ 浪費
5	衝突や苦労は回避される ／ 状況の改善 ／ 妥協点を見出す ／ 無駄な競争心 ／ 対抗試合
6	敗北 ／ 恋愛はライバルに負ける ／ 浮気される ／ 裏切り ／ 疑惑 ／ うぬぼれ ／ 見栄っ張り
7	対決しないで済む ／ 弱気 ／ 思い切った行動が取れない ／ 優柔不断 ／ 撤退 ／ 骨折り損
8	出しゃばり ／ 激しい嫉妬 ／ 旅行は中止 ／ 方向を見失う ／ 横やりが入る ／ 優柔不断
9	無防備 ／ 過去と同じ失敗をする ／ 軽率 ／ 臆病 ／ 油断 ／ 弱気になりすぎて攻撃される
10	わざと失敗する ／ 重荷からの解放 ／ 手放す ／ 分散 ／ 強い意志
ペイジ	思わぬ問題が起こる ／ 誰にも相談できずに苦労する ／ 頼りない人 ／ 気が利かない
ナイト	がっかりすることがある ／ 恋人を取られる ／ 旅行には万全の注意 ／ 偏見 ／ 短絡的
クイーン	やっただけのことがある ／ ヒステリック ／ 依存心が強い ／ わがままな人 ／ おせっかい
キング	頼りにならない男性 ／ 他人の意見を聞いて吉 ／ 身勝手な人 ／ 独善的 ／ 攻撃的

1	計画は成功する ／ 新しい収入 ／ 着実な一歩 ／ 達成 ／ 喜び ／ 繁栄 ／ 成果 ／ 満足
2	変化にうまく対応する ／ やりくり上手 ／ 臨機応変 ／ 器用 ／ 優れた適応能力 ／ 交流
3	熟練 ／ 成功 ／ 結婚・両思い ／ 精神面での成熟 ／ 真面目 ／ 進歩 ／ 職人技 ／ 上達
4	安定 ／ がっちり守る ／ 独占 ／ モノやお金への執着 ／ 権限を渡さない ／ 所有
5	失業 ／ 孤独 ／ 寂しさ ／ 不健康 ／ 大切な心のよりどころをなくす ／ 信条を失う
6	当然の報酬を得る ／ 投資に成功する ／ ボランティア ／ 与える喜び ／ 利益を分かち合う
7	成長を見守る ／ 理想と現実を比較する ／ 物足りなさを感じる ／ 現状に興味を失う
8	コツコツ一途に頑張る ／ より高い収入への道 ／ 将来的な成功を見据えた努力
9	抜擢 ／ 自立 ／ 独立して自由を手に入れる ／ 出世 ／ 夢の実現 ／ 自信 ／ 富を得る
10	家族の繁栄 ／ 経済的な安定 ／ 伝統的な手法と安定 ／ 先祖の助け ／ 貯蓄 ／ 保障 ／ 完成
ペイジ	知的好奇心にあふれる ／ 物事を真面目に考える ／ 勤勉 ／ 努力家 ／ 落ち着きがある
ナイト	学校の決まりを守る ／ 忍耐強くなる ／ 物質運が高まる ／ 成績がだんだん上がる
クイーン	多才 ／ 趣味を持つ ／ しっかり者 ／ 包容力 ／ 有益 ／ 擁護 ／ 金運のある女性
キング	お金持ちの男性 ／ 頼りになる人 ／ 強力な味方 ／ 成功者 ／ 実力者 ／ 注目を集める

■ ペンタクル（逆位置）

1	お金にこだわりすぎる ／ ケチ ／ 計画は失敗する ／ 経済的な不満 ／ 未熟 ／ 損失 ／ 奔放
2	変化についていけない ／ 対人関係の悪化 ／ 右往左往 ／ 適当 ／ 裏切り ／ 決められない
3	手抜き ／ 未熟な技術 ／ いい加減な態度 ／ 能力の出し惜しみ ／ 平凡 ／ 追試
4	ずさんな管理 ／ 執着しすぎて失敗する ／ 頑固すぎて嫌われる ／ 安全策が裏目に出る
5	債務超過 ／ 失業 ／ 貧窮 ／ 経済的な不足による混乱
6	投資は失敗する ／ 不公平な分配 ／ 契約のトラブル ／ 尽くしても無駄 ／ ありがた迷惑
7	お金に関する心配ごと ／ 不満があっても抜け出せない ／ 努力が報われない虚しさ
8	腕はあるのに適当な仕事をする ／ カンニング ／ 不真面目 ／ 悪いことをしてのし上がる
9	浪費する ／ 資金を失う ／ 自信がなくなる ／ 大切なものを失う ／ 無効 ／ 失効 ／ 紛失
10	家族の不和 ／ 資金繰りに苦労する ／ 次の段階へ進めない ／ 相続争い ／ 不名誉 ／ 限界
ペイジ	冗談が通じない ／ 一方的な恋 ／ 自分の考えを押し付けたがる ／ 地味 ／ 幼稚 ／ 怠け癖
ナイト	独りよがり ／ 停滞する ／ 迷いがちになる ／ 行動が裏目に出る ／ 頑固 ／ 不注意
クイーン	責任逃れをする ／ ケチ精神を発揮 ／ うそばかりつく ／ 病気になる
キング	能力の悪用 ／ 媚びる ／ 権威への固執 ／ 不正 ／ 頑固 ／ 融通が利かない

■ ソード（正位置）

1	困難に立ち向かう力 ／ 強い意志の力 ／ 強い決断力 ／ 恋愛面での勝利 ／ 誕生
2	流れに任せる ／ 判断を先延ばしにする ／ 膠着状態 ／ 優柔不断 ／ 板挟み ／ その場しのぎ
3	悲しみ ／ 別離 ／ 失恋 ／ 離婚 ／ 古いものを切り離す ／ 外科手術 ／ 喪失 ／ 失望
4	ひとまずの休息 ／ 充電期間 ／ 一時休戦 ／ 瞑想 ／ 営業停止 ／ ストライキ ／ 孤独 ／ 回復
5	復讐 ／ 嫉妬と悪意 ／ なりふり構わない ／ 投げやりな態度 ／ 葬式 ／ 暴力 ／ リストラ ／ 汚名
6	逃避行 ／ モノの見方が変わる ／ 困難からの脱出 ／ 旅行 ／ 転居 ／ 転職 ／ 移行期 ／ 出発
7	裏切り ／ 自滅 ／ 盗難 ／ 簡単に人を信じないように ／ 誘惑 ／ 駆け引き ／ 浅はかな言動
8	がんじがらめ ／ 人の意見に左右される ／ 束縛 ／ 主張ができない ／ 活動休止 ／ 制限
9	悲しみと失望 ／ 精神的苦痛 ／ 心配 ／ 不眠 ／ 悪口を言われる ／ 悩みすぎて混乱する
10	最悪の状態 ／ 自業自得 ／ 計画の頓挫 ／ 不運 ／ 重荷を担がされる ／ 傷つく ／ 病気
ペイジ	用心深い行動 ／ インスピレーションが冴える ／ 深入りは禁物 ／ 味方になると心強い
ナイト	やる気十分 ／ 健康状態良好 ／ 障害を破って突き進む ／ 勇敢 ／ 集中力 ／ 段取り上手
クイーン	個性が強い ／ 強い感受性を持つ ／ 物静か ／ 教育的配慮 ／ 意志の強さ ／ 洞察力
キング	支配好きな男性 ／ リーダーシップ ／ 考えをはっきり言う ／ 恋はかなう ／ 押しが強い

■ ソード（逆位置）

| 1 | 恐れ ／ 不安 ／ 弱さ ／ プレッシャーに悩む ／ 恐れからくる攻撃 ／ 脅迫 ／ 誤算 ／ 挫折 |

| 2 | 状況に押されるように決断する ／ 見切り発車の誤算 ／ 早とちり |

| 3 | 予想していた悲しみ ／ 苦痛は少なくて済む ／ 回復の始まり ／ 小さな手術 ／ 混沌 ／ 困惑 |

| 4 | 休息は終わり ／ 行動に移す ／ 問題の解決策が見つかる ／ 再び戦いへ戻る |

| 5 | 奪う・または奪われる ／ 犠牲になる ／ 行く手に嵐 ／ 関係修復の必要性 |

| 6 | 八方ふさがり ／ 身動きが取れない ／ 方向転換の必要性 ／ 計画の変更 |

| 7 | ずるい ／ 本音 ／ 反省を促す ／ 批判にさらされる ／ 事態の悪化 |

| 8 | 束縛からの解放 ／ 人から干渉されなくなる ／ 自由 ／ 自分の意見がはっきりしてくる |

| 9 | 苦悩を乗り越えて強く生き始める ／ つらくても信じることができる ／ 解決する |

| 10 | 敗者復活戦 ／ あとは浮き上がるのみ ／ 一筋の光 ／ 再挑戦 |

| ペイジ | 突発的な事件がある ／ 準備不足で失敗 ／ 心が不安定になる ／ 無計画 ／ 無責任 ／ 無頓着 |

| ナイト | うぬぼれにより失敗 ／ 図太い人 ／ トラブルが絶えない ／ 衝動買いに注意 ／ せっかち |

| クイーン | 心が狭い ／ 人を怖がらせる ／ 非常識 ／ 復讐しようとする ／ 不安定 ／ 偏見 ／ 批判的 |

| キング | 乱暴であてにならない ／ 強引に迫られる ／ 近寄らないほうが得 ／ 愛の別離 ／ 契約違反 |

カップ（正位置）

1	恋愛の始まり ／ 純粋な愛情 ／ 共同事業の始まり ／ 歓喜 ／ 感受性 ／ 美しさ ／ 受け入れ
2	付き合い始めは順調 ／ 良好な人間関係 ／ 共感 ／ 協調 ／ 絆 ／ 育み ／ 結婚
3	チームワークが良い ／ 和気あいあい ／ 祝福される結婚 ／ 団体行動 ／ 連帯感
4	立ち止まって考えている ／ 現状への不満 ／ 今は考えるとき ／ 瞑想 ／ うんざり気分
5	がっかり ／ 失望 ／ 後悔 ／ 失ったとしても得るものもある ／ 仲間割れ ／ 喪失感
6	美しい過去 ／ 幼年時代 ／ 同窓会 ／ 幸せな思い出 ／ 家族のイベント ／ 子どもたち
7	優柔不断 ／ 目移り ／ 夢見心地 ／ 誘惑 ／ 妄想 ／ 甘い見通し ／ どの選択肢も現実的でない
8	興味を失う ／ 現状を放棄 ／ 力の交代 ／ 大切なものが変わる ／ 新たな旅の始まり
9	大満足 ／ 願望の達成 ／ 肉体的な健康 ／ 快楽 ／ サプライズ ／ 充足感 ／ 権利の継承
10	成就 ／ 幸せな家庭 ／ 安定した家庭生活 ／ 自分が周りを幸せにする ／ 充足感 ／ 保証
ペイジ	自発的な態度 ／ つつましさが好感を呼ぶ ／ 愛の花が静かに開く ／ 万人に好かれる
ナイト	話し合えば解決 ／ 希望はしばらくあとにかなう ／ 良きライバルの出現 ／ 優しさと勇ましさ
クイーン	正直が幸運を招く ／ 善良な女性の援助 ／ 着実な成功 ／ 母性 ／ 安らぎ ／ 芸術
キング	信頼度が高まる ／ 良き相談相手 ／ 勉強は進む ／ 恋の予感 ／ 温厚 ／ 度量が深い

■ カップ（逆位置）

1		気持ちを素直に表現できない ／ 自分勝手な愛情 ／ 恋愛の始まりはつまずく ／ 冷めた愛情
2		片方だけが主張している ／ けんか ／ 絶交 ／ 誤解 ／ 破綻 ／ 一方通行 ／ トラブル ／ 破談
3		恵まれすぎてダメになる ／ 三角関係 ／ 婚約破棄 ／ チームワークが悪い ／ うやむやになる
4		考えるときは終わり ／ 行動に移す時 ／ 結論が出て行動に出る ／ 開拓 ／ 転職 ／ 新事業
5		希望 ／ 損失は少ない ／ がっかりせずに済む ／ しがらみ ／ 復帰 ／ 再開 ／ 旧交を深める
6		過去への執着 ／ こだわりを捨てられない ／ 望まない再会 ／ 家族間のトラブル ／ 恩知らず
7		決意が固まる ／ 決断が実現へ向かう ／ 霧が晴れる ／ 賢明な判断 ／ 平常心を取り戻す
8		喜び ／ お祭り ／ パーティ ／ 新たな人との関わり ／ 良くない時期が終わる ／ 区切り
9		傲慢 ／ 苦労知らず ／ 暴挙 ／ 努力不足 ／ 詰めの甘さ ／ 油断
10		不満足 ／ 成就しない ／ 未完成 ／ 友情を失う ／ 弱気 ／ 甘え ／ 地域社会とのトラブル
ペイジ		くよくよして損をする ／ 母に対する愛情 ／ 待てば幸運が届く ／ 注意散漫
ナイト		悪知恵が働く ／ いやな奴に騙される ／ 恋はいばらの道 ／ 周囲に流されやすい
クイーン		いじわるされる ／ 嫌味な女性 ／ 告げ口に用心 ／ やる気をなくす ／ 愛は薄れる
キング		不公平なことをする人 ／ 愛が壊れる可能性がある ／ あてにならない ／ 不誠実

【著者紹介】

彌彌告（MiMiKO）

◉——幼少期よりタロットカードに親しむ。タロットカードからのインスピレーションと彌彌告式読み解き術により、女性誌「占いマニアお墨付きの本当に当たる占い師」特集で取り上げられ、予約の取れない占い師となる。

◉——代官山・恵比寿にサロンを構えること11年。経営者やメディア関係の顧客も多く、これまで1万件以上の鑑定を行ってきた。また、「点と線で読み解くタロット講座」をサロンで開催し、好評を博している。

ホームページ：https://mimiko.jp
インスタグラム：https://wwwinstagram.com/mimiko_kotodama

ブックデザイン ／ 喜來詩織（エントツ）

イラスト ／ omiso

DTP ／ 野中賢・安田浩也（システムタンク）

はじめての人でもすぐに占える
覚えないタロット

2023年4月17日　　第1刷発行
2024年9月2日　　第5刷発行

著　者——彌彌告

発行者——齊藤　龍男

発行所——株式会社かんき出版

東京都千代田区麹町4-1-4 西脇ビル 〒102-0083
電話　営業部：03(3262)8011代　編集部：03(3262)8012代
FAX　03(3234)4421　　　　　　振替　00100-2-62304
https://kanki-pub.co.jp/

印刷所——シナノ書籍印刷株式会社